Leocadio A. G. Cuneo

RUMO DAS ALMAS

São Paulo - 2018

1ª Edição

Edição
Fontenele Publicações

Diagramação:
Cristiano Marques

Capa:
Fontenele Publicações

ISBN – 978-85-9585-152-8

CIP – (Cataloguing-in-Publication) – Brasil – Catalogação na Publicação
Ficha Catalográfica feita na editora

C972r, Leocadio Cuneo
Rumo das Almas / Leocadio Cuneo. 1 ed. São Paulo :
Fontenele Publicações , 2018.

168 p. ; 21 cm (broch.) ;

ISBN 978-85-9585-152-8

CDD B869.35
CDU 82-31

Índice para catálogo sistemático
1. Literatura. 2. Literatura Brasileira. I. Título

Fontenele Publicações
Rua Andaraí, 910 – Vila Maria – São Paulo-SP – CEP: 02.117-001
WhatsApp: 11 9-8635-8887
São Paulo: 11 4113-1346
contato@fontenelepublicacoes.com.br

Sumário

Dedico este livro à memória de meus pais,
ARNOLDO SUAREZ CUNEO e
MARIA CATARINA GRILLO CUNEO,
que me deram a inspiração para realizar
esta obra de conteúdo espiritualista.

Agradeço a Deus pela vida e a
minha esposa Iolanda Silva Cuneo,
por toda dedicação a mim dispensada e
pela colaboração para a edição deste livro.
Agradeço ao carinho e ao afeto dos
meus filhos Bruno e Carla,
da minha nora Tatiane e do meu neto Lucas.
Que Deus sempre ilumine seus caminhos.

PREFÁCIO

Neste livro, serão apresentadas diversas passagens que relatam relacionamentos entre almas, em diferentes vidas. Com explicações e leitura simples, o autor demonstra, fundamentando na espiritualidade, a escolha das profissões - e sua ligação com a aptidão que já vem na alma -, as afinidades entre certas pessoas, os núcleos de convivência e demais aspectos cotidianos. Relatos interessantes de como as vidas são interrompidas e como os resgates de vida anteriores acontecem também ajudam a entender o contexto e o propósito de encarnações posteriores.

Percebe-se que não há, com esta obra, a pretensão de esgotar os assuntos tratados, mas sim a de contribuir com a busca pelo esclarecimento a respeito das conexões que existem entre a vida e a espiritualidade, através de personagens que interagem nos diversos capítulos apresentados.

Capítulo I

A chegada de Richard

Há almas com diversas passagens por este mundo, em diferentes encarnações; outras, ainda nem tiveram a oportunidade de estar na vida terrena. Também existem algumas que, por não estarem devidamente doutrinadas, chegam à Terra com muita dificuldade de adaptação. Ainda têm aquelas que retornam muito cedo para completar seu entendimento e as que permanecem em estado de sofrimento após o desencarne. Todas elas, quando retornam ao mundo espiritual, levam a lembrança de doçuras e amarguras, conforme suas atitudes com os afetos e desafetos que tiveram durante a vida.

Sempre que a alma chega ao mundo espiritual, após o desencarne, sua verdadeira vontade é encontrar um caminho de luz, para que possa compreender para onde está sendo transportada. A maneira por que ocorreu sua passagem também determina rumos diferentes. Às vezes, foi por velhice, doença, assassinato, suicídio, acidentes ou até morte coletiva.

A alma de um suicida, por exemplo, pode ser conduzida a locais diferentes, segundo os motivos que levaram a pessoa a tomar essa decisão. O desapontamento, entretanto, sempre vai acontecer. Assim, a expiação pela atitude tomada pode ser imediatamente no plano espiritual, ou em uma nova encarnação.

Richard foi um suicida.

Por desilusão amorosa, ele ceifou sua vida ao se atirar de um viaduto. Caiu praticamente morto, e seu corpo ainda foi violentamente atropelado por um caminhão. Ficou totalmente desfigurado.

Ao ser acolhido na espiritualidade, ficou desapontado com a atitude que havia tomado. Desta forma, precisou de um tempo, depois de sua alma rever a incoerência dessa decisão infeliz, para aceitar voltar à Terra e ter sua devida expiação.

Foi junto a um casal muito pobre, que vivia em uma palafita às margens do rio Tapajós, na Amazônia, que aconteceu a concepção de Richard. Além dele, tinham mais oito filhos: cinco meninas e três meninos.

Seus pais, Seu Raimundo dos Anjos e Maria das Graças Santos, não eram formalmente casados, mas estavam juntos há doze anos. A casa era muito humilde, de madeira envelhecida pelo tempo, três cômodos, dois quartos e uma sala-cozinha, e agora abrigava onze pessoas.

O que ajudava a amenizar a vida nessas precárias condições era o clima sempre quente, com verão seco e inverno chuvoso. O alimento básico era obtido do pescado, abundante na região.

Richard nasceu de parto normal, com dois quilos e setecentos gramas e cinquenta e seis centímetros de comprimento. Chegou ao mundo com muita saúde e energia, demonstradas pela intensidade do choro.

Com mais uma criança, as dificuldades da família aumentaram, mas os pais eram verdadeiros guerreiros. O nascimento coincidiu com a estação das chuvas, que alagaram toda a região ribeirinha e deixaram a casa ilhada, de modo que era preciso andar equilibrado em tábuas para chegar à terra firme.

Os irmãos, ainda pequenos, davam muito trabalho aos pais. O mais velho, chamado de Bastião, tinha somente onze anos de idade.

Outra grande dificuldade era quando qualquer um necessitava de atendimento médico, pois o posto mais perto ficava a duas horas de barco. Por isso, costumavam procurar o velho Amâncio, um senhor que entendia tudo a respeito das ervas com propriedades medicinais, colhidas nas matas próximas.

Bastião e sua irmã, Maria Dolores, costumavam ficar, durante horas, dentro de uma canoa a remo esperando para que alguma embarcação de transporte de cargas e passageiros passasse. Quando a avistavam, remavam até conseguir segurar na borda do barco e pediam aos tripulantes e passageiros biscoitos, doces, pães e dinheiro.

Com todas as dificuldades enfrentadas pela família, Richard sentia-se uma criança feliz. Ele e os irmãos nadavam no rio Tapajós, sempre alertados para cuidar com arraias - algumas tinham ferrão venenoso na cauda. Raimundo contava-lhes sempre um acontecido com o seu irmão, que, ao entrar no rio, pisou em uma arraia e ficou hospitalizado muito tempo. Foi durante uma pescaria com amigos, em uma noite de luar.

O pequeno Richard era muito curioso. Além das perguntas naturais da infância, ele buscava aventuras não condizentes com sua tenra idade. Subia em árvores altas para apanhar frutos e, quando ficavam à beira do rio, pulava do alto, diretamente dentro da água. Muitas vezes, ele também pegava escondido a canoa do pai e saía remando rio afora. Tudo com apenas cinco anos de idade.

Seus oito irmãos frequentavam uma escola ribeirinha. Todos os dias, às sete horas, uma embarcação do município passava para transportá-los. Richard ficava olhando, com um lápis, um caderno na mão e com uma vontade imensa de acompanhá-los.

Seu Raimundo, sempre que precisava comprar alguma coisa no armazém do Seu Juvenal, colocava Richard na canoa e remava, contando histórias. Levavam mais de hora para chegar. Juvenal, ao vê-los chegar, brincava:

– Como vai esse forte e bonito rapaz?

Richard respondia:

– Eu vou muito bem. Quero saber o que o senhor vai me dar como inhapa?

Era costume, depois das compras, Seu Juvenal oferecer um presente, o qual chamavam de inhapa.

Nesse dia, Richard levou um punhado de balas queimadas. Na volta pra casa, deu uma bala para o pai e consumiu as outras, dizendo que, se não podia ir para a escola com os irmãos, eles também não chupariam as balas.

Seu Raimundo, na sala da casa, arrumou uma mesa antiga, com três metros de comprimento. Colocou um banco de cada lado e mais duas cadeiras, que ficavam nas cabeceiras. Nas cadeiras sentavam os pais e, em um dos lados, os quatro filhos mais velhos e, no outro, os cinco mais novos.

Ao chegarem da escola, os filhos guardavam o material e se sentavam à mesa. Dona Maria das Graças providenciava os pratos, talheres e a comida, que quase sempre era pirão de feijão, peixe frito e salada. Raimundo mandava os filhos ficarem de mãos postas e fazia, sempre antes das refeições, uma oração em agradecimento a Deus pela vida e comida farta na mesa.

Nos finais de tarde, o pai sempre saía com Bastião, Maria Dolores e Joca, filhos mais velhos, para pescar. Levavam linha de pesca, tarrafa e um lampião a querosene. Quando voltavam da pesca, em casa, limpavam e salgavam os peixes. Guardavam o necessário para a família consumir e o restante vendiam para um comerciante que ia buscar semanalmente.

Assim era o dia a dia da família.

Ao completar sete anos de idade, no mês de janeiro, chegou o momento tão aguardado por Richard. Iria para a escola com os irmãos.

Mal dormiu na noite anterior ao primeiro dia. O galo cantou e, imediatamente, ele saiu da cama. Vestiu o uniforme e se sentou à mesa para tomar o café da manhã. Fez tanto barulho que acordou os irmãos, fazendo-os levantar reclamando do horário, pois faltavam mais de duas horas para embarcarem na lancha do município.

Nesse dia, o barco do município demorou quase duas horas para chegar na escola. Como havia muitos alunos novos, o comandante ainda não estava habituado com o novo roteiro.

Quando a embarcação atracou, Richard foi o primeiro a pular no trapiche;

Bastião, seu irmão mais velho, nem teve a chance de segurá-lo. Já chegou correndo no pátio da escola, onde meninos e meninas brincavam nos balanços, gangorras e outros brinquedos. Esperou ansioso para desocuparem um balanço e, com uma energia desproporcional, ia às alturas. Uma professora que cuidava do pátio se viu obrigada a chamar a atenção já nos primeiros instantes.

Quando tocou o sinal para iniciar a aula, os alunos eram organizados em fila pela professora da classe. Richard foi logo abrindo espaço no meio da turma para ficar na frente. Entrou na sala e ocupou uma carteira com boa visão do quadro negro.

Quando a professora fez a chamada e perguntou seu nome, levantou-se e com voz alta respondeu:

– Meu nome completo, professora, é Richard dos Santos Anjos. E o seu?

– Meu nome é Amazonina Ribeirinha da Costa.

Os alunos riram ao ouvir os dois nomes. O do Richard comentavam que era sagrado, e o da professora, aguado como um igarapé.

Passadas as risadas, a professora pôs ordem na classe e perguntou:

– Quem sabe contar até dez?

Romero gritou lá dos fundos da sala:

– Eu, professora! Queres ver? Lá vai: 1, 2, 3, 5, 8, 9, 10.

– Romero, estão faltando os números 4, 6 e 7.

– Professora, esses meu pai não ensinou.

Mais um motivo para risadas. Richard então se levantou e contou até vinte. A professora deu os parabéns e começou a aula, ensinando vogais e a contar até dez.

Tocou o sinal do recreio e a correria tomou conta. A meta era ver quem chegaria primeiro ao refeitório para comer a merenda escolar. Serviram aipim com carne de sol e suco de graviola. Depois, eles tinham 20 minutos para brincar no pátio.

Retornando à sala de aula, Richard surpreendeu a professora com um comentário e indagação:

– Professora, eu já fiz várias vezes essa pergunta ao meu pai e ele não soube responder. Como a senhora é muito estudada, posso perguntar?

– Pode sim. Se souber, eu respondo.

– Lá vai, professora. Quem veio primeiro? A ova ou o peixe?

A professora, surpresa com a pergunta, gaguejou um pouco e respondeu:

– Isso é obra de Deus. Quando criou Adão e Eva, também criou animais e plantas.

Richard balançou a cabeça positivamente e ficou quieto, pensativo, até bater o sinal que anunciava o final da aula.

No retorno para casa, uma nova maratona. Mais duas horas no barco e os nove filhos de Raimundo chegaram. Em casa, o assunto principal foi a resposta da professora sobre a história da ova e do peixe. Como religiosos que eram, seus pais concordaram imediatamente com a resposta dada por ela.

Assim o ano foi passando e Richard, cada vez mais, demonstrava sua capacidade intelectual acima da média dos colegas de classe. Sempre disposto, ajudava os amigos a executarem seus deveres de aula.

No dia do encerramento do ano letivo, pelo bom aproveitamento, a professora deu para Richard um livro de botânica, denominado "Conhecendo as Plantas". Ele ficou feliz e prometeu ler até o retorno das aulas no próximo ano.

Aos doze anos, Richard completou o ensino primário na escola municipal. Agora, mudaria para uma escola estadual que ficava na mesma localidade, distantes apenas duzentos metros da outra que estudava. Nesta época, seus irmãos, com exceção de Maria Dolores, já haviam abandonado os estudos.

Bastião, o irmão mais velho de Richard, estava namorando uma ribeirinha conhecida como Masica. Certo dia, os pais dela foram à procura de Raimundo, para comunicar que a filha estava grávida e, como de costume, já marcaram o casamento, para manter a honra da família.

A cerimônia foi em uma capela da comunidade, só com a família dos noivos e alguns amigos. Ao lado da capela havia um galpão aberto, que era somente uma cobertura, onde serviram um bolo e o tira-gosto - peixe frito - para comer bebendo cachaça e cerveja. Nem se comenta a dívida que fizeram no armazém do Seu Juvenal, que levaram um ano para quitar.

A casa de Raimundo e Maria das Graças ganhou mais uma boca para sustentar, além de outra que estava a caminho. Precisaram fazer um puxadinho com um pequeno quarto para abrigar o jovem casal.

Nesse tempo, Richard já se preocupava com seu futuro e tinha sonhos de uma vida melhor, mas sabia que só alcançaria por meio do estudo.

Aos quatorze anos, aprendeu com Zeca das Canoas a usar o enxó e passou a fabricar pequenas embarcações de um pau só. Com a prática que adquiriu e a perfeição no acabamento das canoas que produzia, as encomendas não lhe faltavam. Mesmo assim, nunca abandonou seu sonho: estudar.

O filho de Bastião nasceu. Era um menino a quem deram o nome do pai e ficou sendo chamado de Junior. Para dar sequência à proliferação da família, em seguida foi a vez de Maria Dolores, que se apaixonou por um aventureiro, vindo de outra região. Em apenas dois meses o rapaz sumiu, mas Dolores ficou esperando um filho como recordação.

Richard ficou rapidamente conhecido na comunidade pelas canoas que produzia, sendo muito assediado por um empresário para trabalhar em um estaleiro em Santarém no Pará. Dizia que ainda era muito jovem para sair de sua cidade e precisava estar perto da família, para ajudar seus pais financeiramente.

Quando ia para o colégio, estava sempre preocupado em assistir às aulas com bastante atenção, pois o trabalho lhe absorvia um bom tempo em que deixava de estudar. Mesmo assim, ele era o melhor aluno da classe.

Em uma conversa com o coordenador pedagógico do colégio, o professor Damião, Richard o interrogou:

– Professor, será que tenho aptidão para me tornar um futuro professor de matemática?

– Richard, você acha que ser professor é a sua vocação?

– Acredito que sim. Sei que ainda estou no primeiro ano do ensino médio, mas começo a me preocupar desde já com que profissão eu devo seguir.

– Então estude e espere mais um pouco para amadurecer sua verdadeira vocação profissional.

– Tem razão, professor. Obrigado pelo conselho. Vou seguir suas orientações e seguir com meus estudos.

Matemática e Física eram as disciplinas preferidas de Richard; quando conseguia um tempo, ficava na biblioteca, depois das aulas, lendo livros dessas matérias. Perdia a noção do tempo e só chegava a casa à noite, pegando a embarcação junto com os alunos do turno vespertino.

No final do ano, nasceu mais uma menina na casa da família, era a filha de Maria Dolores. Uma bela criança, loira de olhos azuis. Richard foi convidado para ser padrinho, junto com Anita, uma colega de Dolores. A celebração foi na pequena capela da comunidade e teve uma rápida recepção no galpão ao lado. Tudo por conta do padrinho de Maria de Jesus, nome da afilhada que acabara de batizar.

Com tantas pessoas vivendo de forma precária, Richard chamou seu pai para ajudar na fabricação de canoas, já que a pesca andava mais escassa. Ensinou algumas tarefas para Raimundo fazer e, com organização no trabalho, a produção aumentou. Precisaram, ainda, da ajuda de Bastião e Joca.

Tomando essa medida, a condição financeira da família melhorou. Providenciaram um aumento na casa e construíram outra, menor, para a família de Bastião.

Richard, que havia ensinado o ofício para o pai e os dois irmãos, agora podia dedicar mais tempo aos estudos.

Quando chegou a data da formatura do ensino médio, já tinha definido a sua vocação: realmente queria ser professor. No entanto, ele ainda tinha dúvidas da matéria que escolheria, apesar de saber que seria na área das exatas.

No dia da formatura, toda sua família estava presente. Richard, além de formando, foi escolhido paraninfo da turma. Preparou um discurso, mas falou de improviso, demonstrando que tinha o dom da oratória. Recebeu a medalha de maior média da turma.

Depois da cerimônia, o professor Damião, coordenador pedagógico, chamou Richard em sua sala e apresentou o Dr. Francisco, um jovem médico clínico geral, que fazia uma pesquisa sobre doenças tropicais para uma universidade do Rio de Janeiro. Admirado com a performance nas notas e na oratória, convidou Richard para ser seu ajudante durante seis meses, oferecendo alojamento, refeições e uma excelente remuneração pelo trabalho.

O rapaz não pensou duas vezes e aceitou imediatamente, pois poderia ser sua grande oportunidade. Foi logo perguntando:

– Doutor, quando começamos?

– Amanhã à tarde nos encontraremos aqui no colégio, às 14 horas.

– Certo, doutor, eu esperarei desde às 13 horas, quando chego com o transporte marítimo.

Radiante de felicidade, ele voltou pra casa com a família e contou a novidade. Seus pais apoiaram a decisão. Richard disse:

– A produção das canoas agora é ofício da família. Eu não preciso mais fazer retirada de dinheiro, pois vou ter um salário para me manter.

Dito isso, foi dormir, pois o dia seguinte seria longo.

Ao acordar, preparou uma mochila com roupas e outros pertences. Almoçou muito cedo e, às 11 horas, já estava pronto e esperando o transporte.

Chegando ao colégio, ficou na biblioteca esperando o Dr. Francisco. Pensativo, ele se perguntava: "Por que me convidaram para trabalhar em um projeto de saúde?".

Quando se encontraram, foram até o hotel onde estava hospedado Dr. Francisco. Lá, Richard se cadastrou e levou sua bagagem para o quarto que lhe foi destinado. Reuniram-se no restaurante e conversaram a respeito do trabalho de pesquisa.

No dia seguinte, a bordo de um veículo utilitário, foram até uma aldeia indígena que ficava a aproximadamente 80 quilômetros de distância para iniciar alguns trabalhos: coletariam sangue de alguns indígenas, que apresentavam sintomas de malária e febre amarela.

O material coletado era preparado e encaminhado para o Departamento de Doenças Tropicais da Universidade do Rio de Janeiro. Foram a várias aldeias e pequenas comunidades ribeirinhas: algumas de lancha, outras de veículo utilitário.

O trabalho era estafante, mas Richard não esmorecia. Aprendeu a usar a seringa e a coletar sangue com muita facilidade. Usava estetoscópio e o manômetro com presteza. Parecia ter nascido para ser médico.

Em um jantar no hotel, Richard perguntou ao Dr. Francisco:

– Doutor, o que preciso fazer para estudar medicina?

– Primeiro você precisa se preparar para o vestibular, e, depois, escolher a faculdade.

Essa pergunta mexeu com Francisco, que ficou pensando como ajudá-lo a realizar esse sonho. Como faltava um mês para terminar o trabalho, ligou para o reitor da universidade e contou maravilhas do seu ajudante na Amazônia, inclusive o sonho do rapaz.

O reitor ficou sensibilizado com a história de vida de Richard e disse para trazê-lo até a universidade, pois gostaria de conhecer melhor suas aptidões. Francisco contou o convite do reitor a Richard, que ficou sem palavras para agradecer.

Era agosto quando marcaram a viagem com destino ao Rio de Janeiro. Iam pegar o voo em Santarém no dia 15 às 18 horas. Richard estava tenso, pois nunca tinha entrado em um avião, apesar dos muitos que existiam para servir os garimpos na Amazônia. Francisco dizia ser mais seguro do que subir em um elevador.

Richard se despediu da família e foi de barco para Santarém, em busca do seu futuro. O voo foi muito tranquilo. Fizeram conexão em Manaus e seguiram para o Rio de Janeiro.

Dr. Francisco levou Richard para se hospedar na casa para estudantes da universidade. Assim, ele jantou no restaurante universitário e, depois de caminhar um pouco pelo campus, foi dormir. Francisco foi pra sua casa, onde ainda morava com seus pais em um apartamento em Ipanema. Para facilitar a estada de Richard no Rio de Janeiro, Dr. Francisco deixou um celular com ele. Assim ficaria mais fácil a comunicação entre os dois.

Ao acordar, Richard recebeu um telefonema de Francisco, convidando para dar um passeio e conhecer um pouco da cidade. Era domingo e, além de não terem compromissos, o trânsito permitiria um deslocamento tranquilo.

Foram para zona sul e passearam por toda a orla marítima: Leme, Copacabana, Ipanema, Leblon e chegaram até a Barra. Lá, eles almoçaram em um restaurante à beira da praia, com um cardápio à base de frutos do mar.

De volta à universidade, restava esperar o encontro com o reitor, que marcado para 11 horas de segunda-feira.

No dia e hora marcada, os dois estavam na sala do chefe de gabinete da reitoria. Após 30 minutos de espera, professor Romeu pediu para que entrassem e o reitor, cumprimentando, iniciou um diálogo:

– Bom dia, Dr. Francisco! Bom dia, rapaz.

– Bom dia, magnífico reitor, esse é o jovem que lhe falei ao telefone. O Richard.

– Muito bem. Pelas credenciais que me relatou, vamos conversar a respeito.

A conversa durou mais de uma hora. O professor Romeu ficou impressionado com a simplicidade e, ao mesmo tempo, com a desenvoltura de Richard, principalmente quando falava dos seus futuros objetivos. O resultado foi excelente: conseguiu ser contratado pela universidade como auxiliar do Dr. Francisco, lotado no Departamento de Doenças Tropicais da Faculdade de Medicina da Universidade do Rio de Janeiro. Isso viabilizaria seu sonho em relação aos estudos.

Richard, sempre muito dedicado ao trabalho e aplicado nos estudos, prestou vestibular na sequência e passou para o curso de medicina, na mesmo universidade onde trabalhava.

Antes de iniciar as aulas, nas férias, foi visitar sua família na Amazônia. Ficou contente ao ver que o ofício de fabricar canoas havia crescido e seus pais, irmãos e sobrinhos estavam vivendo melhor. Joca tinha casado, tinha um menino, e a filha de Dolores estava forte e crescida. Ficou duas semanas e voltou ao seu trabalho no Rio de Janeiro - seu pensamento estava direcionado ao início do curso de medicina.

No primeiro dia de aula, os veteranos estavam a postos para o tradicional trote. Rasparam o cabelo dos rapazes, pintaram o corpo e derramaram farinha nos cabelos. As moças só não rasparam o cabelo.

Ao seu lado, Richard percebeu que uma caloura estava com dificuldades para enxergar. Tinha muita farinha nos olhos e as mãos estavam cheias de tinta. Ele foi buscar uma toalha limpa e um copo com água, e ofereceu para a moça. Ela agradeceu e perguntou:

– Calouro. Qual é seu nome?

– Meu nome é Richard. E o seu?

– Giselle.

Assim começou uma grande amizade.

Capítulo II

A chegada e o futuro de Giselle

A alma de Giselle acabava de adentrar ao plano espiritual, vítima de uma morte violenta, após um assalto a mão armada. Seu desencarne se deu ao reagir e ser baleada na cabeça. Ficou internada em um hospital por dois meses, até que a morte cerebral fosse diagnosticada. Ela era uma jovem menina que tinha acabado de completar doze anos de vida.

No caminho da luz, encontrou seus avós paternos já falecidos há muito tempo, que a conduziram ao hospital do plano superior para curar as feridas da alma, ocasionadas pela violência que havia sofrido.

Quando em vida, era muito alegre, generosa e estava sempre disposta a ajudar o próximo, mesmo ainda sendo tão jovem. Adorava visitar crianças hospitalizadas e idosos nos asilos, sempre levando muitos presentes para alegrá-los.

Sua família soube representar a personalidade dela em vida, ao decidir pela doação dos órgãos. Assim, quatro pessoas foram beneficiadas: uma com o fígado, duas com os rins e a quarta com o coração.

Sua alma, contudo, não estava tranquila. Ela precisaria reencarnar para completar seu ciclo de vida. Então, depois de doutrinada pela espiritualidade, foi liberada para voltar e continuar ajudando aqueles que eram menos favorecidos.

No interior do Rio Grande do Sul havia uma família de viticultores, que produzia vinhas para os vinicultores da região. Eram proprietários de uma grande extensão de terras, com solo privilegiado para produção da uva que comercializavam in natura.

Foi nessa família que Giselle chegou. Seu pai, Rodrigo, e sua mãe, Louise, já tinham três filhos homens. Ela era oito anos mais jovem do que Sandro, até então o mais jovem dos três.

A casa da família estava localizada a aproximadamente 10 km do centro urbano; ficava em uma elevação - o que permitia observar os parreirais até perder de vista. Tinha uma enorme varanda, cinco dormitórios, escritório, sala, copa, cozinha e três banheiros. Aos fundos da casa havia uma construção rústica com enorme salão, sanitários e churrasqueira. Nesse local, faziam as festas de aniversários e outras comemorações, como os brindes com os trabalhadores na época da colheita da uva.

A chegada de uma filha, em uma casa de três filhos homens, foi um enorme acontecimento, festejado por todos os parentes, amigos e empresários.

Para o dia do batismo, foi preparada uma grande festa. Foram duzentos convidados no salão da churrasqueira, contrataram o melhor gaiteiro e um churrasqueiro que diziam ter mãos de ouro para assar a carne. Tudo regado a muita pinga, chope e refrigerantes. As cozinheiras da casa prepararam muita farofa, maionese, salada e pão.

Para batizarem Giselle, convidaram o filho mais velho, Jonatan, e sua esposa, Grazielli - que estava grávida de seis meses. A igreja matriz da cidade estava toda decorada e com muitos convidados presentes, além dos curiosos. Como seu Rodrigo era, além de viticultor, vereador e presidente da Câmara, tinha muita amizade com o governador e alguns secretários do governo do Rio Grande do Sul.

A menina Giselle tinha recém completado dois meses, mas os trajes eram de uma verdadeira rainha. O bispo da região foi quem celebrou a missa e o batismo. A madrinha, com a afilhada no colo, estava simplesmente deslumbrante – além de bonita, sua roupa foi confeccionada pelo melhor estilista do estado.

A festa teve início às 13 horas, quando retornaram da igreja. Estavam presentes: o governador, quatro secretários de estado, o prefeito da cidade, todos os vereadores, parentes e convidados. Faltava um mês para eleições municipais e o churrasco, além de comemorar o batizado, tinha viés político. Discursos, presentes, homenagens e, depois de alguns tragos e comida à vontade, o arrasta-pé foi até de madrugada.

Giselle, desde menina, tinha uma alma boníssima; com cinco anos de idade, acompanhava Sandro quando ia levar água para os trabalhadores e ficava penalizada quando os via trabalhar em dias com temperatura muito elevada.

A filha de Jonatan e Grazielli se chamava Beatriz. Como tinha quatro anos e meio de idade, as duas meninas eram amigas e costumavam brincar e correr pelo imenso jardim. Sempre brincavam de boneca na varanda da casa grande.

Os anos passaram e, Giselle, com sete anos completos, e, Beatriz, com seis anos e meio, foram matriculadas em uma escola particular da cidade. Um motorista da família, Seu Júlio, tinha incumbência de levar e trazer as meninas diariamente.

No primeiro dia de aula, Louise e Grazielli acompanharam as filhas na escola. Preocupadas, fizeram uma verdadeira vistoria nas instalações e reclamaram até das lixeiras e dos uniformes das moças que atendiam na cantina. Na ocasião, ainda crivaram a diretora, a coordenadora pedagógica e a professora Marisa de perguntas. Ficaram na escola até o término das aulas, aguardando as meninas.

Durante a aula, Giselle e Beatriz, tia e sobrinha, sentaram lado a lado, na primeira carteira. Responderam à chamada e a professora Marisa começou a aula ensinando vogais, consoantes e numerais.

Em determinado momento, Giselle levantou o dedo e a professora perguntou:

– Giselle, você quer dizer alguma coisa?

– Professora, como sou muito curiosa, fico me questionando. Quem surgiu primeiro, a semente ou a uva?

Nada tinha a ver com o assunto da aula, mas a professora, que já tinha enfrentado os questionamentos das mães, respondeu:

– Isso é obra de Deus. Quando criou Adão e Eva, também criou animais e plantas, assim como são hoje.

– Obrigada, professora, mamãe não sabia responder.

No intervalo das aulas, como não era oferecida merenda escolar, cada aluno trazia seu lanche de casa ou comprava na cantina. Neste primeiro dia, as mães de Giselle e Beatriz compraram um sanduíche e um copo de guaraná para cada uma das meninas.

Ao final das aulas, voltaram pra casa no automóvel dirigido por Júlio e, já em casa, as mães quiseram saber das filhas todos os detalhes do primeiro dia.

No último dia letivo do ano, a professora Marisa, pelo bom desempenho de Giselle, deu a ela um livro de presente, "Conhecendo as Plantas". Ela ficou muito agradecida e disse que iria ler durante as férias.

O colégio particular que Giselle e Beatriz frequentavam permitia que estudassem até completar o ensino médio. Desta forma, as duas seguiram sempre estudando na mesma classe - tia e sobrinha eram amigas inseparáveis. Quando um professor passava um trabalho para fazer em equipes, lá estavam as duas juntas; o mesmo nas tarefas das gincanas, promovidas pelo colégio.

Aos doze anos de idade, já flertavam com meninos na escola. Curioso é que, quando Giselle dizia estar interessada por um garoto, descobria que Beatriz também gostava do mesmo rapaz. Possivelmente era devido à afinidade entre as duas, que compartilhavam gostos semelhantes.

Nas férias de julho do ano em que estavam concluindo o ensino fundamental, uma agência de viagens local estava organizando uma excursão para Orlando, nos Estados Unidos. Todos os anos, muitos alunos do colégio participavam. Iam visitar os parques temáticos da Disney e fazer um cruzeiro de cinco dias, partindo de Miami.

Nesse dia, chegaram em casa eufóricas e reuniram a família para contar a novidade - e também pedir para participarem da excursão. Seus pais ficaram surpresos e não sabiam o que dizer na hora, mas elas insistiam dizendo que precisavam dar a resposta até o dia seguinte.

Foi tanta insistência e choradeira que Rodrigo e Jonatan falaram com as respectivas esposas e resolveram deixá-las viajar com os colegas de colégio. Com a resposta positiva, as meninas pulavam de alegria e beijaram seus pais, várias vezes, em agradecimento.

A excursão estava marcada para sair dia 10 de julho e retornar dia 25. Como só faltava uma semana e as aulas já tinham terminado, Giselle e Beatriz arrumavam malas e se reuniam com os colegas para falarem da viagem.

Às 13 horas do dia 10 de julho, um ônibus executivo foi apanhar os alunos no colégio. O destino era Porto Alegre, três horas de viagem, e o voo para Orlando partia às 22 horas. Despediram-se dos pais e partiram cantando junto com os dezoito colegas da excursão, acompanhados de um representante da agência de viagem e da professora Marisa.

A viagem foi tranquila, chegaram de manhã cedo em Orlando. Foram acomodados em um excelente hotel no centro da cidade, tomaram café da manhã e um ônibus aguardava para levá-los em um dos parques temáticos. Apesar de cansados, estavam ansiosos para conhecer a Disney World - os colegas que já tinham visitado contavam maravilhas.

No terceiro dia em Orlando, já tinham feito um City Tour e conhecido dois parques. O quarto e o quinto dia foram reservados para irem às compras.

No quinto dia uma tragédia aconteceu: ao atravessar uma avenida, sem prestar atenção e fora da faixa de pedestre, Beatriz foi violentamente atropelada por uma ambulância que levava um senhor idoso para o hospital. Giselle escapou por pouco e, ao ver a sobrinha caída e ensanguentada, entrou em desespero. Sua alma reportou-se à encarnação anterior e passou um filme completo em sua mente.

Chamaram o resgate, e, apesar de encontrar-se em estado de coma, ela ainda respirava. Contudo, quando estava imobilizada para ser colocada na ambulância, teve uma parada cardiorrespiratória. Os socorristas imediatamente iniciaram os procedimentos de ressuscitação. Foram duas horas de intensa massagem cardíaca, mas Beatriz não resistiu.

O desespero tomou conta de todos: a professora Marisa chorava compulsivamente; Giselle, em estado de choque; o representante da agência de viagem não sabia o que fazer; e os alunos, em silêncio.

A polícia local entrou em contato com Jonatan, o pai de Beatriz, que ao receber a notícia ficou transtornado; como iria contar para a esposa e os avós? Grazielli, ao ver o estado do marido, logo pressentiu que alguma coisa grave tinha acontecido.

Assim, a notícia foi transmitida para toda a família. Pai e avô embarcaram imediatamente para os Estados Unidos, a fim de atender às exigências legais e transladar o corpo para o Brasil.

A excursão prosseguiu, mas Giselle voltou com o pai e irmão para o Brasil, para acompanhar o funeral da sobrinha querida.

O tempo passou.

Jonathan e Grazielli tiveram outra filha para resgatar a alma de Beatriz. A ela foi dado o nome de Betina, uma linda menina que viera para acalmar o coração dos pais.

Giselle continuou os estudos, sempre muito aplicada, e tinha um sonho: ser médica pediatra para tratar de crianças e adolescentes. Assim, quando concluiu o ensino médio, prestou vestibular em duas universidades: uma em Porto Alegre e outra no Rio de Janeiro. Foi aprovada na Universidade do Rio de Janeiro e, como tinha uma tia morando lá, seus pais permitiram que se matriculasse na expectativa de conseguir uma transferência futura para Porto Alegre.

Assim, iniciado o ano letivo, Giselle hospedou-se na casa da sua tia, que ficava próxima da universidade.

No trote aplicado pelos veteranos, no primeiro dia de aula, durante uma das brincadeiras, atiraram farinha em sua direção, atingindo seus olhos. Com dificuldade de enxergar, pediu ajuda e foi logo socorrida por um belo rapaz: era Richard. Ele trouxe um copo com água, uma toalha limpa e ajudou a limpar seus olhos.

Ali nasceu uma linda amizade. Giselle e Richard aproveitavam o tempo livre para estudar juntos e ficavam horas no anatômico, revisando as aulas.

No terceiro ano da faculdade, a amizade transformou-se em namoro e, durante as férias de verão, Giselle convidou Richard para ir ao Rio Grande do Sul conhecer sua família.

Giselle apresentou o namorado para todos da família. Com o carisma que lhe era nato, Richard agradou a sogro, sogra, cunhados, cunhadas e sobrinhos. Em um dos dias da visita, ofereceram uma recepção de boas-vindas e, aproveitando o momento propício, Richard chamou os pais de Giselle e pediu a mão da filha em casamento. Nem ficaram tão surpresos, pois Giselle já os tinha preparado para eventual situação.

Assim, a recepção logo se transformou em uma festa regada a espumantes produzidos na região. A data do casamento foi marcada para depois da formatura dos noivos.

Voltaram ao Rio de Janeiro e iniciaram mais um ano de estudos. Agora, noivos, já começaram a pensar na formatura e casamento; além disso, algumas questões rondavam suas cabeças: Qual a especialidade que iriam fazer após formados? Qual cidade escolheriam para morar e fazer residência?

Com essas interrogações, o tempo foi passando e chegou o grande dia: a formatura. O céu parecia estar festejando, sem nuvens e um azul que obrigava a contemplá-lo. Os pais de Richard tinham vindo da Amazônia e os parentes de Giselle, do Rio Grande do Sul. Foi a primeira vez que Seu Raimundo e Dona Maria das Graças tiveram o prazer de conhecer os futuros sogros do filho.

Foi uma belíssima cerimônia. O salão nobre da universidade estava bem decorado e a plateia estava repleta de parentes e amigos dos formandos. Giselle e Richard tinham alcançado seus objetivos: agora eram médicos, formados em uma grande universidade.

Na sequência aconteceu o casamento. Foi realizado na igreja matriz da cidade onde Rodrigo, pai de Giselle, era prefeito. A festança foi na fazenda da família - um grande acontecimento na cidade.

O casal ganhou de presente uma viagem para a Itália, onde passaram a lua de mel. Conheceram várias cidades e se encantaram com o litoral banhado pelo Mar de Ligúria. Também visitaram Florença, Pisa, Roma, Nápoles e Veneza. Retornaram ao Brasil partindo de Milão, onde permaneceram por quatro dias.

Com as lembranças da alma de uma vida passada, Giselle optou por especializar-se em Traumatologia e Richard, em Psiquiatria. Conseguiram ingressar e fazer as especializações em um mesmo hospital do Rio de Janeiro. Assim, ambos resgataram o sofrimento da alma: ela tratando de acidentados e ele, dos pacientes com ideias suicidas.

Fixaram residência no Rio de Janeiro, constituíram uma família de quatro filhos e viveram muito felizes.

Capítulo III

Primeiro encontro das almas de Antônio, Franchesca e Manuela

Antônio, Franchesca e Manuela são espíritos que tiveram alguns encontros e desencontros em muitas encarnações anteriores. Todas aconteceram no Velho Mundo, muitos anos atrás.

No início do século XI, Franchesca e Manuela eram freiras que viviam em um convento, ao norte do Reino Unido na Europa, próximo à cidade litorânea de Aberdeen.

O convento ficava situado em uma região de grandes e belos campos, próximo ao litoral. Quando da sua fundação, só existia uma capela e o casarão das freiras com um belo alpendre. Era circundado de muros altos e, na entrada, havia um portal protegido por enorme portão de madeira maciça. Toda a construção era de pedras bem encaixadas, de uma perfeição incrível. Entre a capela e o casarão, chamava atenção um florido jardim, muito bem cuidado, e atrás, um enorme campo fértil, onde as irmãs trabalhavam a terra e criavam alguns animais para sustentar os que ali habitavam.

A uma légua do convento avistava-se um mosteiro. Ali viviam os padres com vida isolada do convívio com outras pessoas e submetidos à disciplina e austeridade.

Franchesca era muito jovem, alta, de pele clara, cabelos pretos e não tinha mais de dezesete anos de idade. Seus pais viviam na colônia a cerca de 30 milhas do convento. Tiveram oito filhos, sendo sete homens e uma única mulher, Franchesca, a última a ser concebida.

Naquela época, havia certa escassez de alimentos e os perigos das constantes incursões dos invasores nórdicos. Os pais de Franchesca, preocupados, convenceram-na a ingressar no convento para sua proteção e, ao mesmo tempo, continuar seus estudos. Disseram que, se não tivesse vocação religiosa, mais tarde poderia retornar e viver junto deles - isso se as invasões não voltassem a acontecer.

Os invasores eram vikings, oriundos da Noruega, Suécia e Dinamarca. Viviam em terras geladas e, em pequenos grupos, organizavam pilhagens a partir das ilhas britânicas usando drakkar, uma embarcação leve que os levava até a Europa por vias fluviais e marítimas. As invasões ocorriam porque viviam em terras pouco férteis e enfrentavam um aumento populacional, o que os obrigavam a ir em busca de novas terras, prata, ouro e objetos valiosos.

Franchesca estava no convento há três anos. Trabalhava na confecção de trajes religiosos para padres e freiras, sempre elogiada pela perfeição de seu trabalho. Não tinha muito interesse pela cozinha, mas não se importava em ajudar na lavanderia. As suas colegas irmãs sempre estavam ao redor de Franchesca, para aprenderem o ofício da costura. Diziam que ela deveria estar em uma metrópole, trabalhando com moda e confeccionando vestidos para rainhas e princesas. Franchesca se divertia muito com essas conversas e era muito alegre, apesar do ambiente isolado em que vivia.

As invasões dos nórdicos continuavam e, certa vez, chegaram bem próximos ao convento. Foi quando saquearam a colônia onde viviam seus pais. Ao receber a notícia, Franchesca entrou em pânico e pediu à madre superiora para ir ver o que tinha acontecido com sua família depois da invasão.

Obteve autorização e, sem perder tempo, subiu na boleia de uma carroça, conduzida por dois cavalos enormes. Lá chegando, na companhia de outra irmã, encontrou poucos sobreviventes. Foi informada de que dois dos seus irmãos tinham sido mortos em combate com os invasores e seus pais, com os outros irmãos, tinham fugido para outra localidade; contudo, não sabiam informar o paradeiro deles.

No caminho de volta para o convento, viram um jovem ferido no ombro direito, sangrando muito e caído na beira da estrada. Assustado, ao ouvir o trotar dos cavalos e com medo de que os invasores tivessem voltado para terminar o trabalho, matando-o, procurou esconder-se. Era bem apessoado, tinha pele branca, cabelos pretos e olhos esverdeados.

Penalizadas, resolveram ajudar. Pensaram que o podiam levar e pedir aos padres, que moravam a algumas léguas do convento, para cuidar dos seus ferimentos. Sabiam que o reitor do mosteiro tinha boa prática médica, já havia cuidado de enfermidades que acometiam as irmãs.

O jovem ferido era Antônio, que passava no local, retornando de uma viagem de negócios e havia lutado para defender, da invasão dos nórdicos, os moradores da colônia - inclusive os familiares de Franchesca.

Ferido gravemente durante a invasão, conseguiu esconder-se entre a alta vegetação do local e, quando os nórdicos partiram, ele com muita dificuldade foi caminhando e se arrastando pela estrada, mas devido ao sangramento estava ficando cada vez mais debilitado.

Colocaram-no na carroça, deitado sobre uma cama ajeitada com capim seco e o conduziram até o mosteiro dos padres. Lá, foi recebido pelo padre Luigi, um italiano magro, alto, reitor do local. Ficou algumas semanas sendo tratado no retiro para se recuperar. Padre Luigi, com suas habilidades, não poupou esforço para curá-lo.

Durante o período de convalescença, não lhe saía da cabeça a figura daquelas irmãs que lhe haviam socorrido. Assim, quando recuperou sua plena saúde, perguntou ao padre Luigi quem eram e disse que gostaria muito de poder agradecer àquelas almas benevolentes que salvaram sua vida. Padre Luigi, vendo que Antônio estava totalmente recuperado, levou-o para conhecer Franchesca e Manuela, irmã que lhe acompanhava naquela jornada.

Foi um encontro emocionante. Antônio havia colhido flores e confeccionou dois lindos buquês. Entregou um para cada uma das irmãs e conversaram longamente durante toda a tarde, no alpendre do convento. Daí surgiu uma grande amizade entre Antônio, Franchesca e Manuela.

Sempre que tinha oportunidade e folga dos seus afazeres na cidade, ia visitar e presentear as irmãs que chamava de anjos de caridade. Antônio era sapateiro, confeccionava sapatos e botas de couro. Nos tempos de folga, lia livros que o conduziam a desenvolver uma enorme sensibilidade espiritual. Tinha família, era casado com Flora, e, apesar de jovem, já era pai do menino Artur.

A amizade entre Antônio, Franchesca e Manuela perdurou por muitos anos. Um dia, durante uma das visitas de Antônio ao convento, aconteceu de este ser atacado pelos invasores nórdicos. Antônio foi ferido mortalmente ao tentar defender as irmãs. Os invasores, implacáveis, dizimaram todas as freiras e os padres do mosteiro, roubando os pertences e dinheiro que havia no local.

Os nórdicos, com a brutalidade que lhes era peculiar, invadiram e saquearam muitas cidades. Muito sangue fora derramado durante essas invasões que perduraram por muitas décadas.

Nessa encarnação, Antônio chamava-se Gregorio e faleceu aos vinte seis anos; Franchesca, ou melhor, Margarete, faleceu com vinte cinco anos, mesma idade de Manuela, que se chamava Astride.

Quando subiram ao plano superior, essas almas foram recebidas por espíritos que lhes orientaram, sendo cada uma destinada a executar um trabalho diferente na espiritualidade, mas todas ligadas a serviços de cura.

Assim foi o primeiro encontro na vida terrena entre almas gêmeas, que ainda têm muitas histórias para serem reveladas em encarnações posteriores.

Capítulo IV

Segundo Encontro das Almas

No final do século XV, em uma cidade da Espanha, na província de Toledo, nasceram Antônio, Franchesca e Manuela. Eram filhos de Giuseppe Martinaro e Judite.

A cidade era cidade bem medieval, interiorana, com enormes castelos e igrejas bem construídas, sempre seguindo uma arquitetura bastante rebuscada. As ruas eram calçadas com pedras e iluminadas com candeeiros abastecidos com óleo de baleias.

O pai, Giuseppe Martinaro, era de origem italiana e trabalhava como comerciante de alimentos, especiarias, armarinhos e ferramentas. Como tinham um bom poder aquisitivo, moravam em uma casa confortável, com dez cômodos, onde também funcionava o comércio da família. A residência era tão grande, que, muitas vezes, alojavam comerciantes que iam vender e comprar produtos na região.

A mãe, Dona Judite, era uma senhora bem afeiçoada e de uma alegria contagiante. Era modista e costurava somente para a elite local. Sempre de bem com a vida, não lhe faltava clientela. Permanecia horas conversando com suas clientes, sobre assuntos diversos que nunca lhes faltavam.

Os filhos, Antônio, Franchesca e Manuela, só estudavam. Nas folgas, viviam perambulando pela cidade com amigos. Eram, os três, alunos muito aplicados e, além das aulas normais, toda semana participavam do coral na igreja matriz.

Era uma igreja imponente, que podia ser vista de qualquer ponto da cidade. Toda em pedra e rodeada de esculturas sacras, era visitada por todos que chegavam à cidade pela primeira vez. Os sinos enormes badalavam meia hora antes de cada celebração religiosa.

Com muita sensibilidade artística, os três irmãos cantavam e tocavam nas festas religiosas, nas casas dos amigos e dos parentes próximos. Antônio dedilhava um instrumento de cordas, Franchesca tocava piano e Manuela cantava, pois tinha a voz mais afinada.

O momento da separação começou quando Antônio atingiu a idade universitária. Como pretendia ser médico, seus pais o matricularam no Real Colégio, em Toledo. Lá, Antônio foi morar em uma pensão, com dois colegas da mesma cidade.

Estudioso, Antônio concluiu o curso de medicina em tempo recorde e, junto com os dois colegas, foi trabalhar em um hospital em Toledo. Lá ficaram alguns anos, sempre atendendo desde os mais abastados até os mais necessitados, sem diferenciá-los e com muita dedicação e afeto. Os três colegas de profissão haviam nascido com esse dom especial: curar os enfermos.

Antônio casou-se com Hermínia e foi pai de dois meninos. Viviam em uma propriedade, nos arredores de Toledo, onde criaram e educaram seus filhos. A casa era grande, de dois pavimentos, e Antônio tinha um espaço reservado para atender seus pacientes.

Muitos enfermos chegavam diariamente ao consultório de Antônio e formavam filas. Alguns não tinham condições financeiras para pagar a consulta, mas eram mesmo assim atendidos; acabavam voltando posteriormente, com presentes: porco, galinha e cabra eram alguns dos agrados recebidos. Antônio agradecia e eles saíam contentes da vida.

Quando chegou a vez de Franchesca estudar, seu pai também a matriculou no Real Colégio, em Toledo, onde cursou História Natural. Franchesca casou-se com Henrique e foi mãe de três crianças, um menino e duas meninas.

Residiam fora da cidade, em uma imensa propriedade rural. Nesse ambiente, ela gostava de realizar estudos e pesquisas, entre os quais o cultivo de plantas medicinais, que eram utilizadas para tratar diversas enfermidades. Com ajuda dos seus empregados, além das plantas medicinais, semeavam e colhiam verduras, hortaliças e muitas variedades de frutos.

Manuela, diferentemente dos irmãos, resolveu não continuar os estudos e preferiu seguir o ofício de sua mãe. Permaneceu solteira e, nas horas de folga, cantava no coral da igreja. Também trabalhava como voluntária no Centro de Saúde de sua cidade natal.

Tal qual sua mãe, Manuela era alegre e extrovertida. Fazia muitas amizades com facilidade e estava sempre disposta a estender a mão às pessoas necessitadas.

Antônio, Franchesca e Manuela tinham muitos dons, cuja resposta poderia ser encontrada na espiritualidade. Mas, na época, qualquer manifestação dessa natureza era considerada bruxaria. A punição era a fogueira. Os considerados bruxos, pela Santa Inquisição, eram, sem piedade alguma, queimados vivos.

Isso causou um entristecimento aos três irmãos, que se reuniam na casa de Franchesca para trocarem ideias a respeito das manifestações espirituais que começaram a experimentar. Usavam o ambiente da casa de Franchesca porque ficava em local retirado, longe dos olhos daqueles que poderiam futuramente persegui-los.

Com o passar do tempo, os três irmãos estavam cada vez mais familiarizados com as manifestações espirituais. Em um dos encontros, Antônio, o mais sensitivo, ficou com comportamento diferente e passou a falar coisas que pareciam desconexas. Ao mesmo tempo, dizia que não deveriam temer, porque era divino possuir essa capacidade de comunicação, que seriam protegidos e que deveriam ajudar as pessoas através da espiritualidade.

Atendendo ao que havia sido comunicado no encontro anterior, Antônio, Franchesca e Manuela resolveram trabalhar mais ativamente, com especial atenção aos mais humildes.

As plantas medicinais que Franchesca estudava e cultivava começaram a ser utilizadas pelos irmãos. Cada pessoa tratada com a ajuda das plantas, maravilhadas pelo resultado obtido, contava aos amigos e familiares. Assim, dentro de pouco tempo, fez-se uma verdadeira romaria à procura dessas plantas.

Logo surgiram alguns rumores a respeito desse tipo de tratamento. Os dois colegas médicos, que trabalhavam com Antônio no hospital em Toledo, eram católicos convictos - assim como a maioria da população na época - e rapidamente começaram a estranhar as atitudes de Antônio, que, nas consultas, optava por receitar plantas medicinais aos seus pacientes. Chegaram a questionar, mas Antônio, com bastante cuidado, dizia que era resultado das pesquisas realizadas pela doutora em História Natural, sua irmã Franchesca.

Até no comércio de Giuseppe e no ateliê de dona Judite as pessoas procuravam pelas ditas plantas milagrosas, perguntando se tinham disponíveis para vender.

O cultivo e utilização dessas plantas para tratamento eram considerados, por uns, como um bálsamo divino, enquanto outros comentavam que eram frutos de bruxaria.

Passados alguns anos, os irmãos perceberam que estavam sendo vigiados por representantes do alto clero. Eram vistos, também, com certa reserva por alguns dos habitantes, tanto os de Toledo como os da cidade natal.

Antônio chegou a ser interrogado pelo inquisidor local, mas pela sua inteligência, a princípio, conseguiu convencê-lo com a mesma afirmação que tinha respondido aos seus dois colegas médicos: que as plantas medicinais eram cultivadas pela sua irmã Franchesca, resultado de suas experiências como doutora em História Natural.

Como a procura por ajuda aumentava cada vez mais, chegou a vez da mais alta corte local começar a se preocupar. Antônio passou a ser visto como uma liderança política muito grande na região. Muitas vezes era convidado a palestrar a respeito do poder das plantas no tratamento de algumas enfermidades. Em muitas palestras se fazia acompanhar de Franchesca, que tinha maior domínio do assunto, pois era ela a estudiosa das plantas.

A perseguição foi tornou-se tão violenta que toda a família Martinaro - pais, filhos e netos - fugiu para uma cidade na Província de Algarve, localizada ao sul de Portugal.

Como Giuseppe era um comerciante bem-sucedido na Espanha, tinha recursos suficientes para toda a família viver de forma razoavelmente confortável onde a Inquisição não estava tão presente.

Franchesca e Manuela continuaram cultivando as plantas medicinais, Antônio as receitava aos seus pacientes e Giuseppe e Judite também distribuíam as plantas no comércio que haviam estabelecido.

Agora todos estavam conscientes da mediunidade de Antônio e muitas vezes se reuniam para escutar as preleções provenientes do mundo espiritual.

A cidade em que viviam ficava à beira-mar, era linda, de uma natureza exuberante, rodeada de belos campos e praias. Chamava atenção o Castelo de Silves, construído no século XI por D. Afonso III, localizado sobre a foz do rio Arade. Era o maior castelo da região e ocupava uma área enorme. Foi construído com taipa revestida de arenito, com arquitetura militar islâmica.

A vida da família Martinaro foi, em Algarve, um misto de sucesso, trabalho e alegria. Entretanto, no início do século XVI, quando Antonio tinha quarenta e dois anos, ele contraiu uma doença que chamavam febre maligna e faleceu.

Com o ocorrido, a tristeza tomou conta das duas irmãs, que ficaram bastante deprimidas. Com certeza havia uma ligação espiritual muito forte entre os três irmãos, pois dois anos após, vítimas da mesma enfermidade, Franchesca e Manuela desencarnaram com um mês de diferença uma da outra. Giuseppe e Judite criaram os netos, envelheceram e desencarnaram próximos aos oitenta anos. Nessa encarnação, Antônio chamava-se Carlos, Franchesca era Isabel e Manuela era Maria.

Capítulo V

Terceiro encontro das almas

Os espíritos de Antônio, Franchesca e Manuela realizaram tarefas em diversos locais no mundo espiritual. Entre elas, como haviam alcançado um plano muito elevado, eram mensageiros de espíritos de muita luz. Assim, faziam chegar aos médiuns as comunicações que lhes eram solicitadas.

A terceira encarnação desses três espíritos se deu em meados do século XVIII, conhecido como Século das Luzes, que foi o último da Idade Moderna e o primeiro da Idade Contemporânea. Nele foi consolidado o desenvolvimento do capitalismo no Ocidente.

Os três nasceram em cidades diferentes, em tempos diferentes, mas todas no litoral que era banhado pelo Mar de Ligúria.

Antônio, que recebeu o nome de Giovani, foi o primeiro. Nasceu em Bongliasco, cidade localizada à beira-mar, na província de Gênova. Com o fim da dominação francesa, toda a Ligúria, inclusive Bongliasco, fora anexada ao Reino da Sardenha e, posteriormente, ao Reino Unificado da Itália.

Filho de Genaro, um genovês nato, e Cecília, uma portuguesa, viviam do comércio pesqueiro. Possuíam barcos cujos marujos eram contratados, trabalhando de meeiros. Moravam em um sobrado à beira-mar, onde nasceu Antônio, que era filho único. Genaro e Cecília tinham mais idade, pois perderam alguns filhos durante gestações anteriores.

Antônio (Giovani) cresceu muito ligado ao ofício dos pais. Ele estudava, mas, em férias escolares, adorava acompanhar Simão, um velho marujo que comandava uma das embarcações pesqueiras da família. Ficava horas escutando as histórias contadas pelo velho marujo, que em muitas fantasiava e fazia Antônio dar risadas. Assim, aprendeu a arte de navegar por aqueles mares.

Com dezoito anos de idade, Antônio era um homem alto e de pele morena do sol. Tinha olhos claros e cabelos pretos, longos e ondulados.

A encarnação de Manuela se deu três anos após a de Antônio (Giovani). Recebeu o nome de Joaquina; seu pai, Joaquim, era português e sua mãe, Olga, tinha nacionalidade francesa. Migraram para a Itália com outros familiares de Olga e moravam em uma casa nos arredores de Florença, cidade da região da Toscana.

Seus pais eram artesãos de madeira, fabricavam móveis e outros utensílios. Quando em Portugal, Joaquim trabalhou em um estaleiro, onde aprendeu o ofício e construiu pequenas embarcações.

Manuela (Joaquina) tornou-se uma jovem loira e muito bonita, estudou no Liceu e tornou-se professora - alfabetizava crianças. Adorava a profissão que escolhera, pois sentia que nela podia contribuir com a humanidade. Era muito sensível e espiritualizada por natureza.

Dois anos após o nascimento de Manuela, chegou o momento da encarnação de Franchesca, desta vez denominada Ambrósia. Nasceu na cidade de Alassio, província de Savona, ao norte da Itália, quase fronteira com a França, cujo santo padroeiro chama-se Ambrósio. Era uma cidade linda, à beira do Mar de Ligúria. Primogênita, teve mais dois irmãos.

Seus pais, Antenor e Martina, ambos italianos, eram agricultores e possuíam muitas terras cultivadas. Viviam em um casarão rodeado por um jardim bem cuidado e florido, próximo ao centro da cidade.

Ambrósia era uma jovem linda, de pele muito clara, esguia e de cabelos pretos lisos. Seu maior desejo era ir a Paris estudar moda. Seus irmãos estudavam na cidade e, nas horas livres, ajudavam Antenor na produção agrícola.

Paris, na época, já se destacava como a capital da moda, sendo Luís XIV considerado um grande influenciador. Ele, por ser calvo e baixo, acrescentou à moda a peruca e os sapatos altos, de forma que assim a nobreza começou a usá-los.

Nessa época, o movimento iluminista tomava toda a Europa. Era uma forma de pensamento com propósito de iluminar as trevas da sociedade, permitindo mudanças políticas, sociais e econômicas.

O movimento iluminista influenciou muito a moda, que deixou de lado os temas religiosos e cores muito fortes, para substituí-los por cores claras e alegres, com inspiração na natureza.

A realeza determinava a tendência da moda e era seguida pelos aristocratas. As roupas eram feitas meticulosamente sob medida, nos ateliês, por alfaiates e costureiras que mantinham em segredo suas identidades.

Franchesca gostava muito de História e sempre foi a primeira aluna nessa disciplina. O conhecimento, por meio dos livros que lia, e sua curiosidade influenciaram na escolha e paixão pelo ofício que seguiria. Pretendia estudar em uma das grandes escolas de moda da França, pois quem concluísse o curso em uma dela era disputadíssimo no mercado de trabalho.

Morar sozinha em Paris e estudar em uma das escolas de moda muito caras fez com que seus pais, Antenor e Martina, precisassem de um ano para organizar as economias e permitir a ida de Franchesca para a França.

Acompanhada de seu pai, Franchesca foi a Paris para providenciar a matrícula na escola e procurar uma hospedaria perto do local do curso. Conseguiram uma pensão familiar, com regras muito rígidas, que pertencia a Madame Augustine. Diferente da escola, que era a mais cara da cidade, o preço da acomodação era bastante acessível e, além do quarto individual, oferecia todas as refeições, com pensão completa.

Lá moravam muitas moças e moços que estudavam nas escolas próximas. Foi onde conheceu Helvídio, um rapaz simples que tinha chegado de Nice há pouco tempo e estudava culinária, pois sempre sonhou em ser chefe de cozinha de grandes restaurantes.

No século XVIII, a cozinha francesa passava por transformações. Privilegiavam os cozimentos, o que deixava as carnes mais saborosas e utilizavam legumes bem conservados. Também foi criado um sistema mais apropriado de refrigeração, para manter peixes e frutos do mar sempre frescos. A queda da velha aristocracia obrigou os chefes de cozinha a deixarem os castelos e saírem a procura de clientes, abrindo restaurantes pelas ruas das cidades francesas.

Franchesca e Helvídio se tornaram muito amigos e trocavam confidências. Quando concluiu o curso, Helvídio estava apto a fazer os mais requintados pratos da gastronomia francesa e não demorou a receber uma oferta de emprego irrecusável em outro continente, mais precisamente em um restaurante francês muito badalado em São Paulo, Brasil. Quando partiu, deixou saudades, mas continuaram a amizade por correspondências - que demoravam uma vida para ir e vir.

No verão de 1776, aconteceu um fato que só se explica pelo acaso, ou pelas voltas que a vida dá. As aulas de Franchesca já estavam acabando e ela aguardava a data da formatura. Seus pais chegariam dentro de uma semana. Em um domingo à tarde, às margens do Rio Sena, Franchesca chegou e se sentou a uma mesa que ficava na calçada de um belo restaurante parisiense. Na mesa ao lado, estava um casal de amigos conversando. Falavam italiano e trocavam informações a respeito das manifestações espirituais vividas em Florença. Franchesca, que mal conseguia tomar seu café, estava muito atenta ao que falavam na mesa ao lado. Não resistiu, se apresentou, disse que também era italiana, que havia ficado muito interessada pelo que conversavam e que gostaria muito de poder participar e entender melhor essa tal Doutrina Espírita sobre a qual falavam.

O casal - na realidade eram só amigos - estava passando férias em Paris e mensalmente se reuniam em Florença para estudar as manifestações espíritas. Era Antônio (Giovani) e Manuela (Joaquina), que foram muito gentis e convidaram Franchesca (Ambrósia) para se sentar à mesa e participar da conversa.

Os três reunidos iniciaram uma longa e animada conversa a respeito das manifestações espirituais. Antônio, médium muito sensitivo, era quem comandava e recebia as comunicações dos espíritos que incorporava. Franchesca, sempre muito curiosa e impressionada, intervia e indagava a todo instante, querendo obter informações mais detalhadas. Disse que gostaria muito de poder participar do grupo em Florença, mesmo consciente da distância que teria de percorrer.

Antônio tinha ido a Paris para comprar alguns equipamentos de pesca e peças para seus barcos. Também aproveitaria a semana de folga para descansar. A empresa de pesca que dirigia junto com seu velho pai tinha crescido e o trabalho aumentado bastante.

Antes de viajar, Antônio passou em Florença para saber de Joaquim, pai de Manuela e muito amigo da sua família, se precisava que comprasse algo para o reparo de suas embarcações. Joaquim aproveitou a ocasião e perguntou se Antônio faria o favor de acompanhar Manuela a Paris. Ela ia se especializar em Educação Inclusiva, para atender as crianças portadoras de necessidades especiais, em um curso rápido de férias. Antônio imediatamente concordou.

Antônio, Franchesca e Manuela iam permanecer em Paris por mais duas semanas e, então, combinaram um novo encontro, no dia seguinte, no mesmo local. Nesta nova oportunidade, as conversas se aprofundaram e Franchesca passou a entender o porquê da sua grande sensibilidade.

Os encontros em Paris se repetiram por todo o período que ficaram na cidade, sempre com o mesmo assunto: a espiritualidade.

Os pais de Franchesca chegaram na véspera da formatura. Foi uma belíssima cerimônia, com muita pompa. Franchesca recebeu um troféu por ter obtido o primeiro lugar geral entre os formandos.

Antônio e Manuela foram convidados, participaram da cerimônia e do baile oferecido pela escola. Tudo muito luxuoso, com as formandas utilizando roupas belíssimas, por elas criadas e confeccionadas. Antônio se revezava dançando ora com uma, ora com outra.

Antes de os três se despedirem de Paris, Franchesca (Ambrósia), arrumando seus pertences no quarto da pensão que residia, recebeu das mãos de Madame Augustine um envelope que um mensageiro da escola tinha deixado. Ao abrir, ficou incrédula: era, nada mais, nada menos, que uma excelente proposta de trabalho em um renomado ateliê, instalado em uma das lojas do Palazzo Frescobaldi em Florença, na Itália.

Passadas as duas semanas previstas, Manuela concluiu o curso de Educação Inclusiva e Antônio havia comprado o que necessitava para as embarcações. Quando foram se despedir de Franchesca, souberam da novidade sobre a oferta de emprego em Florença. Foi uma notícia alvissareira, pois ficava mais palpável a possibilidade de Franchesca participar dos encontros espirituais que ocorriam mensalmente.

Todos voltaram para suas respectivas cidades. Franchesca, que tinha cursado a escola de moda por dois anos, completava vinte e um anos de idade e, mais uma vez acompanhada de Antenor, seu pai, foram a Florença ajustar a hospedagem. Lá, encontrou Manuela, que ofereceu um quarto que estava vago em sua casa; acertaram um valor mensal de aluguel e assim a vida de Franchesca começou na nova cidade, agora como estilista de um famoso ateliê.

Manuela e Franchesca ficaram muito irmanadas, passeavam juntas e Manuela mostrava o que tinha de mais bonito e importante na cidade. Sentavam-se nos cafés e nas conversas estava sempre inserido o assunto da espiritualidade.

Era outono e se aproximava o dia do encontro espiritual do mês. No dia da reunião, Antônio chegou ainda de manhã em Florença e ficou hospedado em uma pousada, a poucas quadras da casa de Manuela. Foi almoçar em um restaurante próximo à hospedaria e, à tarde, saiu a caminhar pela cidade. Gostava de se preparar espiritualmente enquanto andava. Parava nas praças e ficava horas sentado em um banco olhando o verde e os pássaros.

Uma hora antes do encontro espiritual, que ocorria em uma das dependências da casa de Manuela, Antônio (Giovani) chegou e, para sua surpresa, encontrou Franchesca (Ambrósia), linda como sempre, sentada elegantemente na poltrona da sala de estar. Trocaram olhares e ficaram estáticos por um momento. Coube a Franchesca a iniciativa de cumprimentar.

Foi um dos mais bonitos encontros espirituais; Antônio incorporou dois espíritos de luz, Luigi e Germano. A comunicação foi tranquila e na preleção foram dadas as boas-vindas a Franchesca.

Algumas tempo depois, Helvídio, depois de fazer uma especialização em Paris, foi visitar Franchesca em Florença e também participou de um encontro espiritual. Muito interessado pelo que viu, disse que, ao retornar ao seu emprego em São Paulo, iria se engajar em algum grupo que praticasse a doutrina espírita.

Era de costume que Antônio retornasse a Bongliasco, sua cidade natal, sempre no dia seguinte ao encontro espiritual, mas acabou mudando seus hábitos. Passou a ficar mais tempo em Florença, porque estava cortejando Franchesca; até que pediu para namorá-la. Foi em uma tarde de sábado, enquanto lanchavam em uma pizzaria. Manuela estava presente e ficou surpresa com o pedido, mas, ao mesmo tempo, alegre pelos dois.

Assim, permaneceram namorando. Foram dois lindos anos de muito carinho, afeto e paixão. Já preparavam o casamento, iriam noivar no verão e casar na primavera do ano seguinte. Quando casassem, pretendiam morar em Bongliasco, onde Antônio estava construindo uma casa, destinando um cômodo especial para Franchesca montar seu próprio ateliê. Já tinham planejado ter dois filhos, de preferência um casal.

Franchesca e Antônio, no verão do noivado, passeavam na praia em Bongliasco, quando apareceu uma senhora com uma menina de aproximadamente dez anos de idade. Ao se aproximar, falou:

– Antônio, vem conhecer tua filha, ela já está crescida.

Foi como se recebessem um balde de água fria. Antônio ficou mudo, sem saber o que dizer. É que Antônio, onze anos atrás, teve um caso amoroso e a mulher havia sumido. Ele não sabia que ela estava grávida. Na realidade, ela fugiu para esconder a gravidez da família, pois seu pai era muito bravo e poderia colocá-la em um convento. Assim, foi para outra cidade e ficou até aquela data morando com uma tia que vivia em Lyon, na França.

O trauma de Franchesca foi tão grande, que ficou completamente perturbada e deixou Antônio lá, falando com a senhora. Decidiu voltar para Alassio, sua cidade natal, deixou o emprego no ateliê, a casa de Manuela e acabou o noivado.

Seus pais, sempre solícitos, receberam Franchesca, que ficou se tratando do trauma. Posteriormente, montou um ateliê na cidade e fez sucesso, atendendo à elite local. Conheceu Alfonso, um rico comerciante, casaram e tiveram um casal de filhos.

Com o acontecido entre Antônio e Franchesca, os encontros espirituais mensais não aconteciam mais e, assim, a espiritualidade foi deixada de lado.

Franchesca (Ambrósia) faleceu aos quarenta e oito anos, vitimada por uma doença maligna que tomou seu corpo. Coube a Alfonso completar a criação dos filhos.

Antônio (Giovani), um espiritualista convicto, assumiu a filha Ivone e casou-se com Indaiara, a mulher que havia fugido grávida. Moraram na casa que havia construído e morreu por afogamento, aos cinquenta e nove anos, quando seu barco naufragou em uma tempestade no Mar de Ligúria.

Foi uma morte terrível. Ele, o velho Simão e dois marinheiros tinham combinado pescar em uma manhã de domingo. Era uma embarcação pequena, de recreio, e estava previsto um temporal ao final da tarde; como não iam pescar muito longe, resolveram ir, colocaram os equipamentos de pesca, água e abasteceram a embarcação.

Estavam a duas milhas náuticas da costa, quando, repentinamente, um vento muito forte começou, levantando ondas enormes. Antônio foi ligar o motor, que tinha enchido de água salgada e não funcionou. Uma enorme onda tinha invadido a embarcação, que ficou cheia de água. A segunda onda foi implacável e afundou a embarcação. Sem dar tempo de pegar salva-vidas, o cansaço ceifou-lhes a vida.

Manuela (Joaquina) constituiu uma família numerosa. Casou-se com Manuel, um parente distante que havia chegado de Portugal para ajudar seu pai na marcenaria. Faleceu aos cinquenta e dois anos de falência múltipla dos órgãos, devido a uma infecção contraída em uma intervenção cirúrgica durante o nascimento do décimo filho, Ricardo.

Neste ciclo de três encarnações, viveram Antônio, Franchesca e Manuela. Sempre juntos, nasceram e desencarnaram como almas gêmeas, que precisavam se completar. Será que as três almas se encontrarão novamente? A resposta está nas revelações da atual encarnação.

Capítulo VI

Revelações da Atual Encarnação

Era uma noite chuvosa de inverno, quando Antônio e Franchesca tinham acabado de jantar e foram conversar na sala de estar. As conversas sempre convergiam para o entendimento dos fenômenos mediúnicos, que constantemente se apresentavam. De repente, Antônio mudou de feição e pediu papel e lápis, dizendo que precisava escrever. Franchesca, percebendo essa manifestação, atendeu imediatamente, colocando papel e lápis sobre uma mesa.

Antônio se sentou defronte à mesa, tomou o lápis na sua mão direita e, com a mão esquerda na testa, começou uma escrita bastante tortuosa, mas de uma clareza invejável. Era sua vida passada, assim transcrita:

"Estava reunido com diversos espíritos de luz, tratando entre vários temas a passagem para uma dimensão relativamente superior.

A possibilidade de alcançar tal estágio de desenvolvimento espiritual muito me fascinava. Era a possibilidade de me encontrar com outros espíritos, que haviam encarnado comigo na última vez.

Fui interrompido, de forma sonora, por um apelo incontestável. Alguém necessitava de um espírito de luz para encarnar em sua família. No primeiro momento, não entendi claramente os motivos que levaram aquela pessoa, tão angustiada, a me procurar.

Refleti e cheguei à conclusão de que alguma coisa na minha encarnação passada tinha a ver com tal chamamento. Eu era um médico e dediquei grande parte da minha vida a atender os mais humildes e necessitados. Adquiri várias enfermidades para chegar aos lugares mais difíceis e conseguir dar atenção a todos que solicitaram a minha presença.

A minha última encarnação foi no século XIX, no sul do Brasil. Vivi no seio de uma família de imigrantes italianos. Éramos pobres, meus pais trabalhavam a terra para tirar nossa subsistência. Cresci ajudando meus pais e irmãos, aproveitando o tempo livre para estudar. Adorava ler livros de História Natural e Medicina.

Quando na idade de frequentar uma universidade, meu pai trabalhava para um fazendeiro de muitas posses, que tinha um filho da minha idade. Assim, pela nossa amizade, fui com ele para a Europa estudar Medicina, tudo às custas do velho e rico fazendeiro.

No segundo ano de estudos, meu grande amigo morreu, vítima de uma doença desconhecida naquela época. Foi uma grande dor para mim e para toda a sua família, que estava no Brasil. Seu pai me escreveu dizendo para concluir meus estudos e voltar.

Terminei meus estudos e permaneci mais dois anos na França, com autorização do meu padrinho, aperfeiçoando e praticando a medicina.

Ao retornar ao Brasil, meu padrinho encontrava-se bastante enfermo. Fiz tudo para salvá-lo, mas, com a idade avançada e coração fraco, tudo indicava que o desencarne era uma questão de dias.

Em uma bela manhã de outono quando meu padrinho me chamou aos seus aposentos. Lá chegando, entregou-me um envelope com um documento, pedindo que abrisse e fosse lido após sua morte. Poucos minutos se passaram e ele deu seu último suspiro.

Armando era seu nome, sua esposa Selena já havia falecido, poucos meses após a morte de seu filho, meu colega de estudos. Como eram imigrantes, seus parentes ficaram na Itália e nunca mais tiveram notícias deles.

Realizado o sepultamento, chamei meu pai e contei sobre o envelope que havia recebido do senhor Armando, com um lacre gravado com escudo da família. Meu pai sugeriu que levássemos o documento até a Prefeitura, para abri-lo junto às autoridades municipais.

Assim fizemos. Quando o documento foi lido, não acreditei, havia herdado uma verdadeira fortuna, o suficiente para viver o resto dos meus dias, sem precisar trabalhar.

Quando voltávamos para a fazenda, disse para meu pai assumir todos os afazeres da propriedade, porque iria me dedicar, exclusivamente, a cuidar de doentes, principalmente os mais humildes e necessitados.

Preparei uma carroça com a melhor parelha de cavalos da fazenda. Dentro dela coloquei, além de duas mudas de roupa, os meus instrumentos médicos e muitos remédios que havia manipulado.

Viajei por muitas léguas. Em cada vila procurava os mais humildes, tratava das suas enfermidades e realizava pequenas cirurgias. Em troca, recebia abrigo e alimentação. A notícia correu rápido demais e, em cada lugar, uma multidão de necessitados me esperava. Até como milagreiro era recebido.

Certa noite, vi uma luz intensa e não sabia do que se tratava. Em seguida, uma voz dizendo que minha missão ia começar agora: cuidaria não só das enfermidades do corpo, mas também das enfermidades da alma. Sem nada entender, peguei no sono. Um sono tranquilo e profundo, como se uma nova vida fosse iniciar.

Realmente a vida mudou; sentia a presença de meus antepassados já falecidos, como procurando me fazer entender da existência de vida após a vida. Quando recebemos uma missão do plano espiritual, é muito comum os espíritos de muita luz enviar parentes desencarnados para nos orientar.

Em pouco tempo, entendi o que devia fazer neste mundo, para auxiliar o grupo espiritual do plano superior. Eles eram responsáveis pela saúde e plenitude da alma de um grande grupo de pessoas, que viviam onde eu estava atendendo os mais necessitados.

A espiritualidade me ensinou que possuir recursos financeiros não era pecado, mas uma grande oportunidade de viver nesse mundo sem humilhar aqueles com menos posses. Aliás, pecado não existe. Saber estender a mão ao próximo, dizer algumas palavras de consolo e procurar alegrias nas tristezas são virtudes que merecem atenção redobrada dos guias espirituais.

Quando as atitudes terrenas não os agradam, ficamos em débito com nós mesmos. Precisamos reencarnar tantas vezes quanto necessário, até entendermos o nosso Eu.

A encarnação não é castigo. Para muitos é purificação, para outros o cumprimento de um chamado especial de ajuda e apoio coletivo.

Segui meu caminho com a orientação dos espíritos de luz, que guiavam minhas mãos e minha alma. Muitos irmãos foram curados e, agradecidos, escutavam algumas palavras que proferia em nome da espiritualidade.

Passado um tempo, com ajuda de muitos irmãos, construímos um belo hospital. Eu e mais cinco colegas, médicos e espiritualistas, dedicamo-nos de corpo e alma às curas e doutrinas. Foi um período maravilhoso. Recebíamos a visita de espíritos de luz, orientando-nos, fazendo-nos sentir uma enorme sensação de dever cumprido.

Após um chamado para atender pessoas que morriam de uma doença ainda desconhecida, fui atender com a certeza do perigo que corria. Estava indo em direção ao desconhecido.

Permaneci por duas semanas na região e consegui salvar algumas vidas, mas foi um saldo terrível. Muitas crianças morreram e outras ficaram paralíticas. Acabei por adquirir a doença e fiquei à beira da morte. Fraco, recebi em sonho uma comunicação espiritual dizendo que melhoraria e voltaria ao hospital para terminar um trabalho. Depois, ia subir e compartilhar novas tarefas com espíritos preparados, para atender pedidos de saúde e relacionamentos interpessoais. Voltei ao hospital bastante debilitado, reuni meus colegas de trabalho e transferi ao Luigi a responsabilidade da continuidade de nossa missão.

Dois dias após, em uma noite fria, durante o sono, fui levado ao plano superior, e, sentindo uma enorme paz em minha alma, percebi que estava iniciando uma nova fase no mundo espiritual. Acordei já no plano espiritual e me vi em um belo jardim, semelhante aos cultivados nos grandes castelos medievais. Bem cuidado e florido, transmitia uma sensação de paz, harmonia e tranquilidade.

Caminhei durante um bom tempo, contemplando a beleza e magnitude do lugar, até encontrar o meu irmão adotivo, filho do meu padrinho. Ele correu em minha direção, me abraçou, e, pegando na minha mão, foi ao encontro do meu padrinho Armando. Quando me viu, meu padrinho fez transparecer toda alegria de quem esperava esse momento. Aguardava esse encontro para nos conduzir até um local que lembrava um grande e magnífico hospital. Chegamos, fomos recebidos por diversos espíritos de luz e nos dirigimos a uma grande e alva sala.

Passava a fazer parte de mim um novo sentimento: minha alma não mais me pertencia. Havia desapegado totalmente do mundo terreno para iniciar um trabalho de cura no plano espiritual.

Assim permaneci até o pós-guerra, recebendo almas sofridas e humilhadas, que chegavam transtornadas à procura de paz. Uma dessas almas possuía uma intensa luminosidade, tinha desencarnado após realizar um trabalho exaustivo durante a Segunda Grande Guerra. Veio ao meu encontro e disse que estava pronto para me substituir, pois minha reencarnação estava próxima. Perguntei:

– Quem é você?

Com mansidão de espírito respondeu:

– Sou Dr. Oslav.

Minha reencarnação estava sendo preparada e, durante algum tempo, eu e Dr. Oslav trabalhamos juntos. Ao término da guerra, Dr. Oslav se aproximou dizendo que receberia um espírito que estava por desencarnar, para orientá-lo na missão que ainda faltava realizar. Disse que eu reencarnaria na mesma família dessa alma que iria receber.

Escutei com muita atenção e comecei a me preparar para o reencarne. Enquanto aguardava o momento, participava de diversas reuniões que detalharam os diferentes estágios do desenvolvimento espiritual. Tratamos dos diferentes planos e dimensões dentro da relatividade em que se encontravam diversos espíritos.

Durante uma dessas reuniões fui interrompido de forma sonora. Havia chegado a hora. Necessitavam de um espírito de luz e reencanaria em uma família para atender ao pedido de resgate de um desencarne doloroso. Questionei-me se o chamado era mesmo para o meu espírito. Seria eu o espírito de luz de que precisavam? Em qual família estaria reencarnando? Quem eu substituiria?

Diante desses questionamentos, o Dr. Oslav se aproximou e disse:

– Encarnarás em uma família de imigrantes italianos. Tua luz espiritual é mais que suficiente para atender aos apelos do teu chamamento.

Despediu-se e eu parti."

Franchesca ficou perplexa ao ler o quanto Antônio foi desprendido em vida anterior, abdicando de muitos bens materiais para praticar a caridade. Tinha sido um médico exemplar, com uma humanidade infinita. Também ficou intrigada com o que foi mencionado, quando da reencarnação de Antônio, atendendo a um resgate. O que seria o resgate? Qual a importância e consequências para o espírito resgatado? As respostas somente seriam conhecidas anos depois.

Como almas gêmeas, era de esperar que mais dia, menos dia, Antônio psicografasse a vida anterior de Franchesca. Passados dois meses, o quadro se repetiu. Após o jantar, sentados na mesma sala de estar, Antônio, com suas feições alteradas, pediu papel e lápis. Dessa vez, Franchesca foi ainda mais célere ao atender o pedido, e da mesma forma, no mesmo lugar, Antônio começou a psicografar a vida passada de sua alma gêmea, assim transcrita...

"O Sol brilhando, os campos cobertos de flores e um lago de água espelhada. Essa foi a cena que me deparei, quando fui interrompida dos meus pensamentos. Antônina chegou acompanhada de Luigi, para dizer que Manuela havia nascido.

Pensava, naquele momento, na importância de uma vida para buscar outra vida. Sempre encontrava paz nesses pensamentos que me transportavam a outro plano. Conversava com espíritos que esperavam as orientações para prosseguir no caminho do conhecimento de outras dimensões espirituais.

Manuela era uma daquelas almas com quem havia conversado em outra encarnação e seu desejo era encarnar muito próxima de mim. Agora o fato havia se consumado, assim entendo a responsabilidade que havia assumido perante essa criança que chegava em nosso meio.

Eu tinha dezesseis anos e morava com meus avós, em uma cidade próxima a Paris, e meus pais tinham emigrado para o Brasil. Meu pai era português e minha mãe, francesa. Tinham ido em busca de uma vida melhor e levaram meus quatro irmãos para ajudá-los.

Abandonei meus pensamentos e tratei logo de procurar Marie, e assim conhecer a recém-nascida Manuela. Marie, mãe de Manuela, era uma vizinha ainda jovem que ficou grávida de um mascate, que desapareceu assim que soube da gravidez de Marie.

Quando cheguei, Manuela estava nos braços de Marie e logo percebi que seus olhos procuravam os meus, como querendo dizer alguma coisa. Senti uma grande emoção e percebi que aquela alma, recém-chegada, tinha muita luz e mudaria o rumo da minha vida. Fiquei contemplando a criança por alguns minutos e, sem palavras, me retirei. Caminhando pelas ruas estreitas da cidade, levava comigo aquela imagem pura e de grande esplendor.

O tempo passou e meus avós conseguiram uma bolsa de estudos, para eu estudar Belas Artes em Paris. Arrumei meus pertences e, de trem, cheguei a Paris. Um responsável pela escola me esperou na estação e me conduziu aos alojamentos do

Instituto de Belas Artes. Apaixonada pelo curso, visitei castelos, museus e todas as casas de artes espalhadas pela França. Estudava canto e participava do coral da maior catedral de Paris.

Durante anos não tive mais contato com Manuela, que cresceu na pequena cidade onde nasceu. Sonhava com ela brincando e correndo nos verdes campos de primavera. Certa noite, sentada na varanda do alojamento do Instituto de Belas Artes, vi um ponto de luz muito brilhante no céu. Meus olhos fixos perceberam que essa luz aos poucos se aproximava.

Dividida entre medo e curiosidade, fiquei estática, até que uma voz me surpreendeu:

– Irmã, não temas, venho em paz a pedido dos espíritos de luz, para lhe dizer que foste escolhida para aliviar a dor de muitos irmãos encarnados que participaram de um conflito mundial. Soldados feridos.

Fiquei adormecida, percebi que a luz se afastava e uma sensação de intensa harmonia e felicidade tomava conta do meu corpo. No dia seguinte, ao acordar, encontrei uma carta escrita pela minha avó, dando notícias da família. Meus pais e irmãos haviam prosperado no Brasil. Meu avô estava enfermo, ia e voltava do hospital. Uma notícia muito triste também foi escrita: a menina Manuela havia contraído uma doença muito grave e morreu. No seu leito de morte, pediu para me avisar quando desencarnasse e que iria se comunicar comigo. Quando eu avistasse um ponto brilhante no céu, seria o sinal. Então, aquela luz que tinha avistado e que me trouxe a mensagem para ajudar os soldados feridos em batalha, era o espírito de Manuela.

Manuela era a reencarnação do espírito de Armando, padrinho de Antônio, que participava do grupo espiritual que trabalhava no hospital. Armando havia atendido à solicitação do espírito de Luigi, para uma rápida encarnação, cuja missão consistia em recrutar espíritos encarnados, cujo objetivo maior era aliviar o sofrimento dos combatentes da Grande Guerra. Manuela ou Armando, a mesma alma, sabia da importância dessa rápida passagem pelo mundo dos encarnados, por isso a vida muito breve de Manuela.

Tive o privilégio de ser escolhida por Manuela para essa sublime e importante missão, mas questionava o que uma pessoa formada em Belas Artes poderia fazer em prol de combatentes.

Comecei a manter contatos com o mundo espiritual e, por orientação, formamos um grupo de trabalho. Reunimo-nos semanalmente na casa de Paulo. Foi o local onde conheci o Dr. Oslav, médico famoso, mas totalmente desprendido do mundo material.

Dr. Oslav demonstrava um incrível conhecimento do mundo espiritual. Suas doutrinas atraíam pessoas provenientes dos mais longínquos lugares da França, à procura de cura, não só do corpo, mas também da alma.

O local onde nos reuníamos se tornou pequeno demais, mas Josué, um rico comerciante, nos ofereceu um imenso galpão que estava desocupado nos arredores de Paris.

A bela Paris agora era ocupada pelos alemães que pretendiam dominar o mundo, comandados por um líder de mente doentia. Nessa época, eu vivia rodeada de amigos que faziam parte da resistência francesa. Dr. Oslav não comungava com o pensamento nazista e dizia que a maior virtude de um povo é a liberdade.

Ficamos sabendo das atrocidades cometidas contra a comunidade judaica nos campos de concentração criados pelos nazistas. Tal fato despertou em nosso grupo espiritual a vontade de participar do movimento de resistência.

Nosso trabalho, apesar dos riscos que corríamos participando do movimento de resistência, era confortante para o espírito. Não nos desencorajamos com o cansaço e desgaste diário do corpo e da mente. Nossa energia estava sempre concentrada no tratamento dos soldados e civis feridos. Abrigamos os refugiados judeus, muito perseguidos pelos alemães.

O tempo passava e o trabalho aumentava. Recrutamos mais voluntários para nos auxiliar, sempre lembrando do espírito de Manuela que foi a responsável pelo meu chamamento. Precisávamos de mais médicos, enfermeiros e farmacêuticos. Esses profissionais começaram a ser procurados pelo trabalho da resistência francesa, que se fortificava durante o conflito.

Quando as tropas aliadas começaram suas incursões no intuito de expulsar os alemães do território francês, eu e Dr. Oslav fomos convocados pela Cruz Vermelha e nos levaram para as frentes de batalhas.

Nessa época já tinha desenvolvido muita habilidade como enfermeira, então passei a ser assistente direta do Dr. Oslav, que, com suas mãos hábeis, operava os feridos, retirando os estilhaços de granadas que impregnavam seus corpos. Ao mesmo tempo que operava, seus olhos iam além e, sem interromper o procedimento que realizava, orientava os médicos que atendiam outros soldados feridos.

Foram poucas as nossas horas de descanso e muitas vezes chegava a pensar que não resistiríamos por muito tempo. Nesses momentos, a voz de Manuela dizia coisas belíssimas, trazendo conforto e a força de que necessitávamos para prosseguir com a missão.

De Belas Artes a enfermeira, o que me fez chegar aquí? Manuela tinha a resposta:

– Quando se está em harmonia com o mundo espiritual e assim nos conhecendo internamente, qualquer atividade de ajuda ao seu semelhante é, sem dúvida, uma bela arte.

A guerra ainda não tinha terminado quando, em uma noite de paz e sono profundo, Manuela no meu sonho dizia que estava próximo o momento de nos encontrarmos novamente, agora no plano espiritual. Meu tempo junto dela seria curto, pois precisava reencarnar novamente para continuar uma missão que ainda não tinha terminado. Acordei assustada e confortada, ao mesmo tempo, sabia que apesar de ainda jovem estava preparada para outras tarefas regidas pela espiritualidade em seus diferentes planos e dimensões.

Tive um desencarne rápido e indolor. Depois de um estrondo, eu e Dr. Oslav subimos juntos. Uma bomba havia acertado o acampamento da Cruz Vermelha. Enquanto subíamos, Dr. Oslav falou:

– Vou permanecer por muito tempo no plano espiritual e receber muitos espíritos para formar um grande grupo. Esse grupo terá como missão atender espíritos encarnados que necessitam de orientação de saúde e proteção. Dar continuidade ao que ainda lhes falta para atingir a dimensão espiritual a qual estão destinados.

Despedimo-nos e vi Manuela correndo em minha direção. Foi um longo e afetuoso abraço. Caminhamos naquele belo jardim florido, enquanto observávamos muitos espíritos que desencarnaram vítimas da Grande Guerra. Reconheci dois soldados que tentamos salvar dos ferimentos no campo de batalha.

Manuela me conduziu ao local onde estavam reunidos alguns mestres, que disseram estar próxima nossa nova reencarnação; eu primeiro e algum tempo depois Manuela. Nos encontraríamos mais uma vez e viveríamos muito próximas.

Vim e fui concebida no seio de uma família que vivia no litoral do sul do Brasil. Família de muitos filhos, fui a primogênita das mulheres.

Fiquei aguardando Manuela."

Terminando de psicografar, Antônio se mostrou bastante cansado e foi se recolher. Não teve força para ler o que tinha escrito e teve um sono profundo e reparador. Franchesca lia e relia sua história, sempre com seu questionamento e olhar crítico. Mal esperava raiar o dia para trocar ideia com Antônio. Isso só foi possível às 9 horas do dia seguinte, quando com uma longa conversa procuravam entender os caminhos percorridos pelas três almas em vidas passadas e qual a razão desse encontro, ficando no ar a seguinte questão: Como e quando reencarnará

Manuela?

A resposta está na encarnação em que Manuela era Armando. Nela era um homem e nessa vida, seu desejo também era encarnar no sexo masculino. Pela convivência em vidas anteriores, Manuela sempre esteve muito ligada a Antônio e Franchesca, configurando a existência de almas gêmeas. Seu desejo de continuar próxima aos dois foi concebido pela espiritualidade. Assim chegou como Homero, filho de Antônio e Franchesca.

Mais uma vez, as três almas se reuniram e, agora, vivem em harmonia, dedicando parte do seu tempo reunidos em grupos e estudando os fenômenos espirituais, para dar continuidade ao que ainda lhes falta alcançar na espiritualidade.

Capítulo VII

A primeira encarnação de Luigi e Oslav

Foi em meados do século V quando Luigi encarnou pela primeira vez, na cidade de Roma. Era filho de um importante centurião do exército romano e morava em uma casa bem construída na parte fortificada da cidade. Sua família tinha muitos privilégios, pois seu pai, Augustus, ao servir o exército romano, havia vencido várias batalhas no comando de uma legião.

Luigi tinha duas irmãs e um irmão, sendo ele o mais velho. Teve uma infância tranquila e alegre, sempre muito próximo de sua mãe, pois seu pai estava constantemente ausente, em batalhas. Era inteligente e já na tenra idade se interessava por política. Sempre comentava com seus familiares que os políticos corruptos estavam comprometendo a saúde financeira de Roma, promovendo a desvalorização da moeda.

O irmão resolveu seguir o pai e se tornou um soldado do exército romano. Uma das irmãs casou-se com um filho de senador e a outra, com um magistrado. Luigi tornou-se religioso, um padre católico.

O cristianismo, por determinação do imperador Teodósio no século IV d.C., foi considerado a religião oficial de Roma. Apesar disso, Luigi teve dois filhos, situação que era muito comum na época.

Com conhecimento de enfermagem, padre Luigi não só praticava a religião, mas também atendia os colonos enfermos. Sempre carregava uma maleta com medicamentos e material cirúrgico.

Quando o império já estava em decadência, a crise da escravidão provocou um êxodo urbano para as colônias. Padre Luigi acompanhou o êxodo, construiu igrejas nas colônias para atrair fiéis e sempre se desdobrava para estar presente, celebrando missas nas diversas colônias.

Nessa época, o Império Romano havia sido dividido e a Roma Ocidental chegou ao fim - quando o imperador Rômulo Augusto foi deposto pelos bárbaros. Foi o início da Idade Média.

Luigi e dois padres, após a queda do império, imigraram para Gália, onde o rei germânico Clóvis se converteu ao cristianismo e, como aliado político-militar da Igreja Cristã, realizou lutas em nome da fé.

Na Gália, Luigi foi um importante confessor da nobreza. Fundou igrejas, continuou sua missão de evangelizador, e, às vezes, era levado aos campos de batalha. Aos cinquenta e três anos, em uma dessas idas, foi ferido mortalmente, concluindo assim sua primeira encarnação.

A PRIMEIRA ENCARNAÇÃO DE OSLAV

A Grécia, localizada na Península Balcânica, é banhada por dois mares: o Egeu, no oriente, e o mar Jônico, no ocidente. A capital Atenas era considerada pólo cultural do Ocidente.

Em meados do século V a.C., mais precisamente no ano de 451, quando o espírito de Oslav estava para ser concebido, a civilização grega vivia o que denominavam "Idade de Ouro". Em 450 a.C., Péricles coordenou a construção da Acrópole, um majestoso edifício dedicado à padroeira da cidade, a deusa Atena. Ao lado foi edificado o Teatro de Dionísio, berço do teatro ocidental.

Na época, a sociedade ateniense era constituída por três grupos sociais: cidadãos, metecos e escravos. Eram considerados cidadãos em Atenas indivíduos do sexo masculino, filhos de pais atenienses e que tivessem cumprido o serviço militar. Quando considerados cidadãos, podiam possuir terras e ter direitos cívicos.

Nesse século, Péricles e Clítenes criaram condições para que os atenienses participassem de liberdade, propriedade e acesso a cargos públicos. Nascia assim a democracia na antiga Grécia.

Como eram politeístas, acreditavam em muitos deuses que tinham forma humana, mas eram imortais. Como humanistas, desenvolveram várias ciências para servir ao Homem. Aprofundaram a sabedoria, o conhecimento e desenvolveram o raciocínio. Lá nasceram Sócrates, Aristóteles, Platão, entre outros.

Oslav, espírito de luz, dedicava-se, já na sua preparação, ao conhecimento das artes, saúde e religião. Assim, só aceitou encarnar quando devidamente preparado. A escolha de Atenas lhe permitiu evoluir muito mais, devido às possibilidades de adentrar o mundo das artes, filosofia e práticas médicas. Essa última de seu maior interesse.

Foi concebido em uma família de cidadãos influentes na sociedade; seu pai, de uma cultura invejável, era médico, escritor e ator. Escrevia, dirigia e participava de peças teatrais no Teatro de Dionísio.

Oslav habitava uma casa típica da arquitetura grega, com muitos cômodos e um espaço destinado a abrigar o escritório e consultório de Nicolas, seu pai. Sua mãe, Eyshila, era uma senhora alta, bonita e muito respeitada pelos habitantes locais, pois, com uma alma boníssima e serena, auxiliava Nicolas como enfermeira, principalmente quando atendia senhoras e crianças.

Oslav tinha um irmão dois anos mais velho, Gohan. Ambos tiveram uma bela infância e cresceram amigos, mas em uma disputa ferrenha para saber quem era capaz de adquirir conhecimentos mais rápido. Conheciam tudo a respeito dos filósofos e pensadores gregos.

Quando muito jovens já eram considerados intelectuais e estavam muito além dos colegas na escola, provocando uma situação problemática para os mestres, que tentavam resolver colocando-os em séries mais adiantadas.

Os irmãos não perdiam as peças teatrais apresentadas no Teatro de Dionísio, principalmente as escritas e interpretadas por Nicolas.

Gohan tinha uma alma predominantemente artística e acabou se dedicando à arte de interpretar. Com uma voz potente, destacava-se dos outros atores, sendo, quase sempre, escolhido como ator principal. Como muitas peças exigiam uma voz cantante, ali estava ele. Chegou a contracenar, diversas vezes, com Nicolas, seu pai.

Nas artes, Oslav esculpia com uma facilidade e criatividade impressionante, mas sua paixão verdadeira era a medicina. Como sempre foi um aluno brilhante, não teve dificuldades em se tornar médico. Foi ao Egito adquirir novos conhecimentos, onde a medicina era mais avançada. Lá escreviam receitas e conclusões a respeito das enfermidades em papiros, para auxiliar os médicos recém-formados.

Na Grécia Antiga, consideravam a medicina uma arte doada por deuses ao homem, e, na mitologia, a deusa Gaia representava cura. Havia, portanto, uma crença de que, se o homem vivesse em sinergia com a Terra, permaneceria com saúde plena.

Hipócrates de Cós fez uma análise das patologias humanas, entre os séculos IV e V a.C., e acabou rompendo com o que consideravam pensamento mágico da doença.

Para praticar a medicina, Oslav dividia com seu pai o consultório e, pela sua vontade em adquirir cada vez mais conhecimentos, era muito requisitado na cidade. Tratava fraturas, tumores, realizava partos de sete e oito meses, excisão de fetos, esterilidade, entre outras doenças.

Com Helena, sua esposa, teve um casal de filhos gêmeos, Igor e Camila. Uma gestação difícil, com complicações no parto que ceifaram a vida de sua esposa, apesar de ser um médico experiente. Assim, Oslav criou os gêmeos com a ajuda de sua mãe, Eyshila.

O acontecido com sua esposa deixou Oslav um pouco inseguro na prática médica, principalmente quando era requisitado para realizar parto de prematuros. Por isso, com o passar do tempo, foi deixando a profissão em segundo plano e adentrou de corpo e alma no mundo das artes.

Participou atuando em algumas peças teatrais, umas escritas e dirigidas por seu pai e outras escritas e dirigidas por Gohan, seu irmão. A escultura era sua predileção. Oslav passava horas em seu ateliê, às vezes se esquecendo das refeições. Produziu várias peças, muito admiradas pelos cidadãos da elite local, e conseguia seu sustento e dos filhos comercializando suas obras. Teve, também, uma breve participação na política.

Durante as noites, Oslav perdia horas de sono pensando em Helena, sua falecida esposa. Uma angústia tomava conta do seu corpo, procurando resposta pelo acontecido. Onde estaria o espírito de Helena no momento? Sua elevada capacidade intelectual o levava a mergulhar no firmamento em busca de resposta. Olhava as nuvens, as estrelas, a Lua, o Sol e todos os pontos luminosos do céu à procura de sua amada.

Oslav teve uma vida muito longa. Faleceu no século IV a.C., aos oitenta e sete anos, de falência múltipla dos órgãos. Seu espírito, ao subir, foi esplendorosamente recebido e levado ao hospital superior onde voltou a medicar e atender os espíritos que desencarnavam em batalhas.

Capítulo VIII

Dois irmãos de Franchesca

Quando Franchesca veio ao mundo, no início do século XI, seus pais viviam na colônia ao norte do Reino Unido, próximo à cidade de Aberdeen, e tiveram oito filhos. A única mulher era Franchesca e, dos sete homens, dois morreram durante a invasão dos nórdicos na colônia.

Magnus, em uma encarnação anterior, era o primogênito. Nasceu um ano antes de seu irmão Erick, na Escandinávia, mais precisamente no litoral da Noruega, no século VIII da era cristã.

Renerick, pai de Magnus e Erick, era um poderoso lorde que reinava em uma grande comunidade viking, um reino que estava localizado à margem direita de um rio que desembocava no Mar do Norte.

O clima, antes muito gelado, tinha se tornado um pouco mais ameno, o que fez melhorar a agricultura e a produção de alimentos. Com mais alimentos disponíveis, baixou a taxa de mortalidade e a população da comunidade começou a aumentar. Como consequência desse crescimento, novamente faltaria alimentos para atender a todos.

A solução encontrada foi invadir e procurar fortuna em outras terras, com suas embarcações ágeis e leves, pois eram exímios navegadores. Nessas incursões era comum, além de saquear e matar pessoas, escolher algumas para serem escravas.

Magnus era muito ligado a seu irmão Erick durante a infância. Renerick, apesar de ter outros filhos mais novos, já tinha os dois como preferidos. Cresciam aprendendo a lutar com escudos e espadas, muito fortes, e venerando os deuses Odin e Thor.

Sempre em nome dos seus deuses, os vikings realizavam rituais em qualquer lugar, incluindo sacrifícios humanos e de animais. O guerreiro do martelo mágico,

Thor, filho de Odin, era por ele chamado para defender seu povo das forças do mal.

Certa ocasião, após uma forte tempestade, em agradecimento aos deuses por não destruir os silos que armazenam os alimentos, Renerick resolveu sacrificar dois escravos. Mandou trazer os dois escravos mais idosos e, colocando-os de joelhos, mandou Magnus e Erick realizarem o trabalho de decapitação.

Magnus ficou muito constrangido e relutou, pois não se sentia preparado para matar um dos escravos. Seu pai, com firmeza, obrigou-o a empunhar a espada e executar o ato. Bastante trêmulo, Magnus obedeceu. Na vez de Erick, ele, com seu espírito mais guerreiro, não relutou e executou o escravo com uma única estocada.

Na comunidade, as casas rodeavam uma grande construção. Era o salão maior. Internamente se destacava uma construção central, bem comprida e fina, na forma de um grande tanque. Lá colocavam lenha e acendiam fogo para aquecer, principalmente durante o inverno rigoroso.

Os vikings à noite lá se reuniam, sentados ao redor do fogo. Comiam, cantavam, dançavam e bebiam até ficarem embriagados. No fundo do salão havia cadeiras onde sentavam o lorde Renerick, sua esposa e filhos.

Renerick, certa noite, tomou a palavra, como de costume, e anunciou uma nova incursão ao oeste para realizar pilhagens no Reino Unido. Erick foi o primeiro a pedir ao pai que lhe deixasse participar pela primeira vez dessa incursão, já que se dizia preparado para lutar. Magnus ficou quieto, pois sabia lutar, mas sua alma era mais sensível. Então, tomando novamente a palavra, Renerik comunicou que seus dois filhos iriam participar da expedição. Magnus ficou paralisado, mas não deixou transparecer sua decepção com a decisão do pai.

Iniciaram-se os preparativos. Eram oito embarcações que estavam sendo abastecidas com armas, água e alimentos suficientes para os dias de navegação, até o destino planejado.

Magnus e Erick, no dia da partida, foram juntos com seu pai até a beira do rio para pedir proteção a Odin e Thor. Depois, cada um entrou em uma embarcação diferente, pois pensavam que se ocorresse um naufrágio não seria desastroso para toda a família.

Depois de alguns dias navegando, enfrentando ventos fortes, ondas enormes e calmaria, avistaram terra. Haviam chegado ao destino e tinham perdido apenas uma embarcação, porém todos os tripulantes dela morreram afogados.

Ao desembarcarem na praia, não avistaram nativos. Montaram o acampamento em uma planície, com boa visibilidade para todos os lados. Cercaram com lanças construídas de troncos de pequenas árvores, acenderam uma grande fogueira no centro e as barracas ao redor. Quando devidamente instalados, reuniram-se e, organizados em pequenos grupos, saíram à procura de pequenas vilas e aldeias para saqueá-las.

Avistaram um mosteiro, edificado em pedras, em uma elevação a duas léguas do acampamento viking. Prepararam a investida. Quando os padres avistaram os invasores, recolheram-se na igreja e começaram a rezar. Os nórdicos atacaram e não pouparam uma única alma. Magnus, contudo, não feriu ninguém.

A pilhagem foi geral, de castiçais a dinheiro, tudo foi levado. Imagens de santos foram destruídas. Erick, levando alguns utensílios, vangloriava-se de ter decapitado vários padres. Algumas vilas também foram atacadas e a matança continuava. Antes de retornarem para sua terra natal, escravizaram alguns colonos. A incursão tinha sido perfeita, pois os nativos não estavam preparados para oferecer resistência. Ao chegarem em casa, no litoral da Noruega, desembarcaram empunhando os troféus da pilhagem realizada.

Passado um tempo, Magnus casou-se com Ingrid e foi pai de cinco filhos, o primogênito Ragnar e quatro meninas. Era muito amável com os filhos e todos da comunidade, sempre cortejado quando passava. Erick, por outro lado, costumava envolver-se com as escravas, as engravidava e abandonava seus filhos. Invejava Magnus por ser primogênito e sucessor direto de lorde Renerick, tinha comportamento belicoso, vivia envolvido em brigas e executava escravos quando o desagradavam.

Na comunidade viking, o homicídio, quando praticado entre eles, é punido com pena de morte. Como respirava sangue e vingança, Erick, em certa ocasião, matou um viking da sua comunidade só porque havia se aproximado de uma escrava que ele cortejava. Embora fosse esperada a pena de morte, Erick foi punido apenas com duzentas chicotadas.

Participaram de outras incursões ao Reino Unido, e, em uma delas, ocorreu um confronto violento com as tropas locais. Erick foi ferido superficialmente, mas não morreu porque Magnus o defendeu, matando o agressor. Seu pensamento cruel dizia: "Se fosse ao contrário, deixaria Magnus morrer".

Com o passar do tempo, as diferenças entre os irmãos foram aumentando. Não mais se suportavam; Magnus, que era dócil, mudou sua personalidade e também se tornou agressivo. Viviam atacando um ao outro. Renerick, agora mais velho, procurava sempre aconselhá-los a mudar e dizia que como irmãos deveriam se amar.

Em uma dessas desavenças, os irmãos acabaram se enfrentando e, armados, um feriu o outro mortalmente. O ódio havia tomado conta dessas almas. Assim, ambos subiram com lacunas em seus espíritos.

Ao reencarnarem, no século XI, novamente foram irmãos. Viveram em uma localidade próxima a cidade de Aberdeen, no Reino Unido, para cumprir a vida que lhes faltava. Desta vez, porém, eles que foram mortos pelos nórdicos que invadiram suas terras.

Capítulo IX

Um Italiano de Valor

Genaro, antes de reencarnar, estava há muito tempo no plano espiritual trabalhando e orientando, como mensageiro, os artesãos espanhóis que se dedicavam ao trabalho com madeira para construir embarcações no século XVI.

Nesse século, foram muitas as expedições marítimas realizadas por navegadores portugueses e espanhóis. Muitas rotas comerciais foram abertas, sendo o mercantilismo a mais importante doutrina na época, com exploração das colônias resultantes dos recentes descobrimentos.

Genaro aguardava sua reencarnação, que ocorreu na primeira década do século XVIII, em Palermo, na Sicília, ilha localizada ao sul da Itália.

Seu pai, um exímio artesão, trabalhava em um estaleiro de propriedade de Cavaccio, um siciliano rude que exigia perfeição dos seus sete empregados. Eles deveriam esculpir madeira e fazer encaixes imperceptíveis nos cascos e nos conveses das embarcações que fabricavam.

O estaleiro de Cavaccio era muito procurado por empresários da navegação. Os jovens se candidatavam às vagas de trabalho, mas era difícil passar pelo crivo do patrão. Genaro, que estava sempre atento ao ofício do pai, foi um dos poucos escolhidos. Muito dedicado, ficou experiente e muito bom no ofício.

Genaro casou-se ainda muito jovem com Cecília, recém-chegada de Portugal. Moravam em uma casa simples, mas tipicamente italiana, que ficava próxima ao estaleiro onde ele trabalhava. Sua esposa não conseguia manter a gravidez até o parto, pois havia certa incompatibilidade sanguínea entre o casal. Depois de perder três filhos com poucos meses de gestação, resolveram parar de insistir.

Passados alguns anos, o estaleiro cresceu e as encomendas de novas embarcações também. Em um belo dia, aparece um armador que morava em Bongliasco, cidade litorânea no Mar de Ligúria, o senhor Jiullio. Observador e grande empreendedor, viu em Genaro a pessoa capaz de gerenciar seus negócios. Jiullio chamou Genaro e fez uma proposta irrecusável, além de um bom salário ofereceu uma de suas casas para morar. Genaro pressentiu que chegara a grande oportunidade da sua vida.

Muito correto em suas atitudes, Genaro conversou primeiro com seu pai e depois com Cavaccio, seu patrão, que surpreendentemente o estimulou a seguir o caminho colocado a sua frente.

Assim, junto com Cecília, foi morar em Bongliasco, em um belo sobrado à beira-mar - de propriedade de Jiullio. Genaro, muito dedicado no trabalho, acabou sendo adotado pelo patrão, que não tinha herdeiros e sua idade era avançada.

A empresa de Jiullio era de pesca e atendia ao mercado de Florença e cidades próximas. Possuía dez embarcações bem equipadas e marujos experientes. Um deles era Simão, que era muito jovem e tinha vindo do Reino Unido. Falante e alegre, contava causos de seus antepassados e muitas vezes inventava histórias de naufrágios que nunca aconteceram.

Ao completar setenta e cinco anos, Jiullio foi acometido de um infarto e não resistiu. Cinco anos antes, ao ficar viúvo, escrevera um testamento que deixava sua empresa e duas propriedades para Genaro.

Surpresa maior foi quando Cecília, aos trinta e quatro anos de idade, ficou grávida. Apesar da gestação difícil, o parto foi normal e, assim, nasceu Antônio - que foi batizado como Giovani.

Antônio (Giovani) era a joia da pequena família, tratado com todos os cuidados; tinha em Genaro, além de pai, um grande e afetuoso amigo. De fato, a amizade era tão grande que despertou seu interesse pela pesca. Permanecia horas na empresa do pai e com facilidade aprendia como administrar os barcos pesqueiros.

Genaro faleceu um ano após o término do noivado de Antônio (Giovani) com Franchesca. Sua mãe, que ficou viúva, desencarnou dois anos após.

Os espíritos de Genaro e Cecília se encontram na espiritualidade e, conduzidos por Oslav, foram participar de um grupo para continuar a aprendizagem no plano superior.

Capítulo X

Os agricultores Antenor e Martina

Antenor, filho de agricultores latifundiários que produziam alimentos para atender toda a comunidade local e algumas cidades vizinhas, foi concebido em Alassio, Província de Savona, no norte da Itália, na terceira década do século XVIII.

Seus pais trabalhavam no campo e tinham uma vida financeiramente estável, pois no século XVIII, na Inglaterra, iniciou-se um movimento de renovação agrícola, com aplicação de novas técnicas, novos meios de produção e com a introdução de diferentes espécies de animais e vegetais.

Esse movimento e sua aplicação espalharam-se pela Europa, havendo uma maior racionalização da atividade agrícola, com aumento da produção. Com esse incremento, os agricultores começaram a obter lucros, explorando a terra de forma racional.

O pai chamava-se Altieri, nascido em Roma, e foi ainda criança para Alassio. A mãe francesa, nascida em Lyon, adotou o nome Rose, mas seu nome verdadeiro era Roseanê. Conheceram-se quando Altieri passou por Lyon, indo a Paris tratar de negócios.

Casaram-se em Lyon a pedido dos pais de Rose, mas Altieri já estava bem estabelecido em Alassio. Aplicava os novos conhecimentos de técnicas agrícolas e estava sempre adquirindo mais terras a fim de atender ao aumento da produção em suas propriedades.

A casa em que foram morar ficava um pouco afastada do centro urbano de Alassio, uma zona rural onde viviam muitos camponeses. Era bem construída e possuía muitos cômodos. Ao fundo da propriedade existiam cinco pequenas casas para os trabalhadores da fazenda e diversas outras construções, cujo objetivo era atender a toda a demanda de produção e gerenciamento.

No segundo ano de casados, nasceu Antenor. Criado na fazenda, desde tenra idade cavalgava pelos campos e encostas. Curioso, estava sempre atento ao trabalho dos empregados e muitas vezes se propunha a ajudá-los. Chegava da escola, almoçava e seguia para os campos cultivados. Já estava no sangue o gosto pela agricultura e pecuária.

Tinha duas irmãs mais jovens que gostavam mais dos afazeres domésticos. Quando adultas, foram morar no centro urbano da cidade e montaram um ateliê. As duas casaram e formaram família, pois não tinham vocação para o trabalho no campo. Continuaram trabalhando no ateliê, que prosperava com o passar dos anos.

Antenor estudou o suficiente para entender da contabilidade da fazenda e auxiliar Altieri, seu pai, na administração.

Um domingo à tarde, na igreja matriz de Alassio, aconteceu uma grande quermesse cujo objetivo era arrecadar fundos para ampliar a igreja; ocorria em diferentes épocas do ano em datas festivas. Essa era a mais importante de todas, porque era em homenagem ao santo padroeiro da cidade. A diversão na festa ficava por conta das manifestações culturais, barracas que sorteavam prêmios e outras que vendiam bebidas e alimentos típicos da região.

Antenor, sempre muito alegre, estava assistindo ao coral da igreja, composto de crianças e adolescentes da comunidade. "Lindas interpretações", falou para ele uma jovem que chegou ao seu lado. Era a senhorita Martina, que Antenor sempre admirava.

Trocaram algumas palavras de elogios às músicas apresentadas pelo coral e Antenor convidou Martina para acompanhá-lo na festa. Passaram por todas as barracas e se divertiram até seu pai ir buscá-la. Martina era também filha de agricultores, mas a propriedade de Piero, seu pai, e Luna, sua mãe, era bem mais humilde. Um terreno de lavoura com dois hectares e uma casa modesta, mas confortável.

Como era uma jovem muito bonita e cortejada por muitos, Martina estava sempre perfumada e bem vestida. Seus pais, muito severos, estavam sempre atentos aos seus flertes e logo a questionaram para saber quem era o rapaz que a acompanhava na quermesse. Martina explicou e dois meses depois, com a vênia de seus pais, começou o namoro.

Passado um ano, na véspera de Natal, Antenor foi à casa de Piero e Luna, pedir a mão de Martina. Noivaram e marcaram o casamento para o ano seguinte.

O casamento foi realizado na fazenda da família de Antenor. Seus pais, muito conhecidos, convidaram praticamente toda a cidade. A festa começou de manhã e terminou à noite. Comida típica italiana e muito vinho eram ingredientes para dançarem e cantarem o dia todo, ao som de um grupo musical formado por amigos dos noivos.

Antenor e Martina ficaram morando na fazenda, em uma casa muito grande e requintada que Altieri tinha mandado construir. Um ano após o casamento, nasceu Franchesca. A ela foi dado o nome de Ambrósia, em homenagem ao Santo Ambrósio, protetor da cidade. Tiveram mais dois filhos que se dedicaram à fazenda e Franchesca foi estudar moda em Paris.

Seus pais viveram bastante e desencarnaram alguns anos depois da filha. Na espiritualidade, foram recebidos com muita glória. Como eram pessoas de bom coração e muita generosidade com seus subalternos, Antenor e Martina ficaram como espíritos de muita luz, até seu próximo reencarne.

Capítulo XI

Os moveleiros,
um português e uma francesa

De origem muito simples, Manuelito nasceu na Província de Algarve no extremo sul de Portugal no século XVIII. Morava em uma casa muito antiga, localizada em uma pequena vila distante da cidade, que pertencia aos seus falecidos pais.

Filho único, ficou órfão aos treze anos de idade e teve de trabalhar para manter seu sustento. Pedro, que além de amigo dos falecidos pais de Manuelito, era dono de uma fábrica de móveis e embarcações pesqueiras na qual trabalharam, ficou consternado com a situação e levou o rapaz para trabalhar, dormir e fazer as refeições em sua casa.

Foi muito mal alfabetizado, mas suas mãos eram hábeis e esculpia móveis com muita perfeição. Pedro sempre o elogiava e o tratava como filho.

Manuelito ficou adulto e cada vez mais interessado no trabalho de esculpir madeira. Então, Pedro, que tinha um irmão morando em Florença, mandou Manuelito se aperfeiçoar e ficar o tempo necessário hospedado na casa de seu irmão, com todas as despesas do curso e estadia pagas.

Ficou mais de um ano se especializando na arte de esculpir madeira, para fabricar móveis de alta qualidade. Foi quando encontrou Lorreine, uma bela francesa, alta, loira e de olhos claros, que também fora em busca de especialização em Florença. Os pais dela moravam em Nice e também trabalhavam com madeira. Eram proprietários de uma grande fábrica de móveis e utensílios domésticos.

Ficaram amigos, fizeram vários cursos de escultura juntos, visitaram igrejas e, quando de folga, gostavam de sentar nos cafés para comer e conversar. A convivência diária os aproximou muito, especialmente devido aos gostos semelhantes pelo ofício de esculpir. Apaixonaram-se, namoraram e casaram. Foram morar em Algarve. Os pais de Lorreine ajudaram financeiramente e o casal instalou uma belíssima fábrica de móveis em Portugal. Manuelito, sempre muito agradecido, convidou Pedro para ser seu sócio e o negócio progrediu.

Não demorou muito e nasceu Joaquim. Filho único, quando cresceu, logo se interessou pelo ofício dos pais. Estudou em Algarve até completar dezenove anos. Lá, também aprendeu o ofício de fabricar e reparar embarcações com um amigo, cujo pai tinha um estaleiro em Sagres.

Da mesma forma que seu pai, Joaquim foi se especializar na Itália e passou por algumas cidades litorâneas, mas seu destino principal era Florença, onde pretendia permanecer mais tempo. Como o seu tio, irmão mais velho de Manuelito, já havia falecido, Joaquim se hospedou em uma pensão familiar, muito próxima à oficina onde iria cursar escultura sacra em madeira.

Como o destino oferece muitas surpresas, no curso conheceu Olga, que tinha interesse em esculpir imagens de santos em madeira. Veio de Calais, no norte da França, cidade onde nasceu. Era uma moça alta, forte, clara e se destacava por sua beleza.

Joaquim ficou impressionado com a doçura e simpatia de Olga. Não resistiu a sua beleza e começou a cortejá-la. Passado um tempo, começaram a namorar e, após seis meses, Joaquim foi pedi-la em casamento na pequena, mas bonita, cidade de Calais, no norte da França.

Noivaram e Olga ficou na França. Joaquim voltou para a fábrica em Algarve. Com os novos conhecimentos adquiridos, incrementou a produção da fábrica e inseriu novos produtos, que imediatamente foram bem aceitos pela comunidade local.

Os pais de Olga eram comerciantes e sua loja e residência ficavam localizadas na parte antiga da cidade de Calais. Por influência da filha, em um período de escassez, resolveram migrar para a Itália e se estabelecer em Florença, onde construíram uma casa no centro da cidade.

Com a decisão do sogro, Joaquim deixou Algarve e foi ao encontro de sua amada em Florença. Casaram e abriram um comércio. Fabricavam e vendiam móveis, utensílios e diversas obras de arte em madeira.

Ali nasceu Manuela, a quem deram o nome de Joaquina, em homenagem ao pai português. Linda moça e de muita sensibilidade, escolheu ser professora para alfabetizar crianças.

Manuelito e Lorreine permaneceram em Algarve até o fim de suas vidas. Joaquim, Olga e Manuela os visitavam todos os anos. Quando chegavam, era uma festa portuguesa, com certeza.

No mundo espiritual, tiveram bom acolhimento e participaram de vários grupos, sempre indicados para conversar com médiuns e levar mensagens de paz e harmonia.

Capítulo XII

Um grande mestre gastronômico

Na Côte d'Azur, nas margens do Mar Mediterrâneo, fica localizada a cidade de Nice, no sul da França. De clima ameno e de uma beleza natural invejável, muitas famílias britânicas iam passar o inverno por lá.

Lá nasceu Hermes, no século XVIII. Filho de pais ingleses que migraram para Nice, fugindo do inverno britânico. Vivia em um sobrado próximo ao porto, onde morava no piso superior, já que no térreo funcionava a sua cantina italiana. O restaurante fornecia refeições para marujos e estivadores e, nas noites dos finais de semana, servia jantares com música ao vivo aos frequentadores, que dançavam até altas horas.

Hermes casou-se cedo com Magnólia, incansável cozinheira que preparava deliciosos pratos que ela mesma inventava. Os frequentadores da cantina, que admiravam seu trabalho, costumavam certificar-se que era ela quem estava na cozinha.

Quando Helvídio nasceu, filho de Hermes e Magnólia, a cantina da família tinha muito movimento devido à grande entrada e saída de navios no porto. No almoço, principalmente, quase sempre tinha uma fila de clientes esperando desocupar espaço nas mesas. Desde tenra idade, Helvídio ficava na cozinha com sua mãe e outra senhora que trabalhava no restaurante. Assim, muito curioso, queria sempre ajudar - apesar de ainda ser uma criança.

A cozinha italiana dá muita importância aos aromas naturais de cada ingrediente e aos diversos sabores. Utilizavam muito azeite puro, de oliva, e ervas como alecrim, manjericão, alcachofra, salsa e outras mais. Diziam que, se o vinho não acompanhasse a refeição, o prato era como um dia sem sol. Na cantina da família de Hermes, as sobremesas também eram, todas, muito especiais.

Com toda essa vivência na cantina, aos nove anos, apenas, Helvídio chegava da escola e já corria para a cozinha e ajudava sua mãe. Tinha verdadeira paixão pela culinária e dizia que seu maior sonho era se tornar um importante chefe.

Com avental branco e touca de cozinheiro, muitas vezes largava o fogão e se dirigia às mesas da cantina, para indagar aos frequentadores se estava tudo certo com os pratos e se tinham algumas sugestões para melhorar o atendimento. Na culinária italiana, Helvídio, desde muito novo, já se sentia preparado, mas dizia que, para se tornar um grande chefe de cozinha, deveria aprender também a culinária francesa.

Assim, ao completar dezoito anos, achou que seria o momento de se especializar naquilo que pretendia ter como profissão. Falou com seus pais e conseguiu convencê-los a deixarem ir estudar gastronomia em Paris.

Enquanto viajava de Nice a Paris, Helvídio, que tinha conseguido um livro da culinária francesa com um dos frequentadores da cantina, lia e relia tudo aquilo que era seu verdadeiro sonho.

Na França, cada região tem sua culinária, mas existem alguns pratos tradicionais, tais como galo cozido no vinho tinto, ensopado de vitela, sopa de cebola gratinada, escargots, fondue de queijo e outros mais. Helvídio não se cansava de descobrir os detalhes e segredos de cada prato.

Quando chegou a Paris, logo ao desembarcar do trem, ficou maravilhado com o movimento das pessoas; algumas muito bem trajadas e sentadas nos cafés. Trazia consigo o endereço da pensão de Madame Augustine, que foi recomendada por um amigo de seu pai que ficou hospedado durante o período que estudou em Paris.

Grandes avenidas com árvores plantadas na beira da calçada, vários bulevares e os arcos do triunfo, na porta de Saint-Denis e de Saint Martin, eram alguns dos atrativos urbanos da cidade. Helvídio admirava essas belezas e, sempre que tinha oportunidade, ia visitar outros lugares que descobria nas horas de folga, sem deixar de passear de barco pelo rio Sena, sempre que possível.

Na pensão de Madame Augustine, Helvídio habitava um quarto em parceria com Fernando - um jovem que também foi se aperfeiçoar em gastronomia. Costumavam ir e voltar juntos das aulas, andar pela cidade e conhecer os restaurantes e cafés parisienses.

Ficou amigo de uma moça que havia chegado da Itália e morava na pensão, chamava-se Ambrósia (Franchesca) e estava em Paris cursando moda em uma das mais renomadas escolas. Muitas vezes saíam juntos para jantar e o que não lhes faltava eram assuntos de moda e culinária.

Gastronomia para os Nobres - era o nome do curso que Helvídio frequentava. Desde arrumar a mesa de refeição, colocar corretamente os pratos, talheres, guardanapos, copos, taças e demais utensílios; tudo era minuciosamente ensinado e avaliado pelos exigentes professores.

Como estava no sangue o interesse pela culinária e de se tornar um grande chefe de cozinha, Helvídio era sempre elogiado pelos mestres por buscar a perfeição em tudo que fazia durante as aulas. Assim, concluiu o curso com louvor. Seus pais não puderam comparecer à formatura, pois o trabalho na cantina não permitia que se ausentassem.

Um convite inesperado de um brasileiro, proprietário de um famoso restaurante francês no Brasil, mais precisamente em São Paulo, deixou Helvídio perplexo. Era praticamente irrecusável, oferecia ótimo salário, moradia, férias e frequente capacitação. Pediu ao senhor François, dono do restaurante, um tempo para ir a Nice falar com seus pais, mas estava praticamente decidido a aceitar a proposta de trabalho.

Em Nice, Helvídio conversou com seus pais, explicando a proposta recebida. Vendo a euforia do filho, permitiram sua ida para o Brasil. Foi então que ele escreveu para o senhor François e disse que, em breve, embarcaria em um navio com destino a Santos.

O navio veleiro transportava 200 passageiros e levava quatro semanas, aproximadamente, para chegar ao litoral brasileiro. Helvídio chegou em Santos no início da primavera e François o esperou no porto para levá-lo a São Paulo.

No início do século XVIII, São Paulo substituiu São Vicente como sede administrativa da capitania e, em seguida, São Paulo de capitania foi elevada a cidade. O Ciclo do Açúcar foi importante para o desenvolvimento econômico da cidade. As ruas se cruzavam, estreitas, tortuosas e irregulares, onde vendedores ambulantes circulavam e cruzavam caminho com escravos carregando barris com lixo e dejetos fecais.

Era comum, na época, as pessoas almoçarem às 10 horas e jantarem às 16 horas - esta como uma bela e farta ceia, por influência de hábitos trazidos pelos europeus. O restaurante de François ficava bem no centro da cidade e atendia a burguesia e a elite local - muitos que tinham migrado da Europa e procuravam por um atendimento diferenciado, além de uma culinária especializada.

Com a chegada do chefe Helvídio, o restaurante preparou um cardápio especial, que agradou a todos que frequentavam o local. A clientela quase que triplicou e, nas ceias, famílias se reuniam para beber um bom vinho e apreciar as verdadeiras obras culinárias preparadas por Helvídio. O movimento foi tão grande que François precisou contratar três ajudantes de cozinha.

Um dos ajudantes era uma jovem que se chamava Dolores, muito bonita e interessada. Nascida em São Paulo, mas filha de imigrantes italianos que vieram de Florença, era alta, clara e tinha olhos azuis. Rapidamente ela aprendeu o manejo culinário instituído por Helvídio. Com a aproximação, o namoro foi inevitável e Helvídio não demorou a pedir sua mão em casamento.

No final do verão, eles casaram, mas não conseguiram viajar em lua de mel, pois o movimento no restaurante não permitia.

Tiveram dois filhos: Patrício e Patrícia.

Quando o filho mais novo tinha um ano, Helvídio conseguiu com François um período para reciclagem em Paris, na escola em que havia concluído a sua formação. Dolores, então, assumiu a chefia do restaurante, pois teve um ótimo mestre que lhe ensinou tudo que havia aprendido.

Helvídio embarcou em Santos com destino à França. Chegando a Paris, procurou Ambrósia (Franchesca), para contar que havia casado e tinha dois filhos, mas ela tinha voltado para a Itália. Após o término do curso, como tinha mais três meses de folga, resolveu, então, visitá-la na Itália. Ficou sabendo que Ambrósia estava em Florença e foi a sua procura. Lá permaneceu por dois meses e aproveitou, também, para conhecer restaurantes e cantinas.

Em uma das visitas a Ambrósia, na casa de Joaquina (Manuela), coincidiu com o encontro espiritual que ocorria mensalmente. Convidado, participou da reunião e saiu maravilhado. Não era um religioso convicto, mas o pouco conhecimento que havia adquirido mudou totalmente sua crença espiritual.

Helvídio recebeu algumas propostas para trabalhar em diversos restaurantes em Florença, mas, fiel a seu patrão, que financiou toda a viagem, e a sua família, voltou ao Brasil.

Chegando a São Paulo, ao contar as novidades e acontecimentos da viagem, mencionou para sua esposa Dolores e para seu patrão, François, as maravilhas ouvidas na reunião espiritual na casa de Joaquina e disse que pretendia procurar um maior entendimento da espiritualidade.

Certa noite, quando estava na cozinha do restaurante preparando a ceia, François se aproximou e disse que ouviu, em uma mesa, três pessoas trocando ideias a respeito de manifestações espirituais. Então, Helvídio pediu licença ao patrão para ir até a mesa e conversar com esses clientes. Como era muito conhecido no restaurante, as três pessoas o convidaram para se sentar à mesa e a conversa foi até altas horas da madrugada.

Na conversa, um dos assuntos era sobre a Bíblia, pois, segundo eles, muitas manifestações espirituais são citadas no Livro Sagrado.

No Antigo Testamento, Saul disse: "Predize-me o futuro, evocando um morto".

No Novo Testamento, Mateus (17:1-3): "Seis dias depois, Jesus tomou consigo a Pedro, Tiago e seu irmão João e os levou a um lugar à parte, sobre um alto monte. Transfigurou-se diante deles: seu rosto brilhava como o sol e sua roupa tornou-se branca como a luz. Então lhes apareceram Moisés e Elias, conversando com Ele".

Existem várias outras manifestações descritas na Bíblia. Na maioria dos casos, espíritos se apresentam sem serem chamados, disse Jonas, um dos participantes da conversa.

Antes de saírem do restaurante, combinaram um encontro na casa de Jonas e, assim, nasceu um grupo com a finalidade de estudar manifestações espirituais. François, posteriormente, faria parte do grupo.

Os filhos de Helvídio, Patrício e Patrícia, tornaram-se estudiosos no assunto e reuniram mais pessoas interessadas, inclusive sua mãe Dolores.

Aos quarenta e cinco anos, vitimado por uma infecção generalizada em virtude de um ferimento que não cicatrizava, Helvídio faleceu - na véspera de Natal. Foi uma grande perda para o plano terrestre, mas uma enorme luz no plano espiritual. Na espiritualidade, foi servir de mensageiro entre espíritos encarnados e desencarnados.

Capítulo XIII

Uma vida de princesa

Maria Cristina era filha bastarda de um monarca que reinava na Europa no século VIII d.C. O reino era cercado por grandes muralhas, para impedir a entrada de invasores inimigos do rei.

Quando chegava a primavera, os jardins do castelo ficavam cobertos das mais variadas espécies de flores. O colorido impressionava todos os visitantes. Durante o inverno rigoroso, contudo, os silos que armazenam grãos deveriam ficar protegidos, para garantir a alimentação dos nobres e súditos.

O monarca era um homem astuto, poderoso e grande guerreiro, que expandiu o Reino Franco com várias campanhas militares.

Maria Cândida era uma das cinco damas de companhia da rainha. Muito inteligente, de pele alva, esguia e de uma beleza invejável, tinha olhos castanho-esverdeados que contrastavam com seus cabelos longos e negros. Esses predicados fizeram o rei se apaixonar. Vivia cortejando-a sempre que a encontrava nos corredores do castelo, e, Maria Cândida, ficava sem jeito; mas lhe atraía a ousadia e beleza máscula do soberano.

Certa noite, em um encontro casual, o rei se aproximou, segurou-a pelos braços e a beijou. Sem resistência, acabaram em uma frenética noite de amor. Os dois se encontraram muitas vezes nos aposentos do rei. A rainha, submissa, aceitava com passividade, mas afastou Maria Cândida das funções de dama de companhia.

Passados alguns meses, surgiu a novidade: Maria Cândida estava esperando um filho bastardo. Coincidentemente, a rainha estava grávida do segundo filho. O primogênito, Ricardo, havia nascido no ano anterior.

Maria Cristina, a filha bastarda, nasceu no castelo e, quando completou o primeiro ano de vida, o rei doou para sua mãe uma enorme propriedade de campo -

um verdadeiro palácio cuidadosamente decorado e com muitos empregados, guardas e duas damas de companhia.

Apesar de bastarda, a menina foi educada junto aos irmãos, filhos legítimos do rei: o primogênito Ricardo e sua irmã Regina. Além das lições regulares, tinham aulas de música, dança, etiqueta, equitação e idiomas. Quando crianças, brincavam nos jardins do castelo e, com uma alegria contagiante, Maria Cristina estava sempre à frente das brincadeiras. Era linda e tinha todas as características da sua mãe.

Sentava-se à mesa dos monarcas durante as refeições, recebia os mesmos trajes que os irmãos usavam e também tinha uma dama de companhia a sua disposição.

Os três irmãos aproveitavam a primavera e o verão para cavalgar pelos vastos campos nos arredores do castelo, sempre acompanhados de guardas reais.

Nos aposentos de Maria Cristina tinha uma antessala com ricas e confortáveis poltronas e, no quarto, um leito com roupas de pura seda e travesseiros de penas. A dama de companhia a ajudava trocar a roupa e preparava o leito, arrumando cuidadosamente as cobertas.

Quando Ricardo, o primogênito do rei, completou dezoito anos, o castelo ficou movimentado com preparação de uma grande festa de comemoração. Todos os nobres foram convidados, inclusive os que residiam em outras localidades.

Na antevéspera do dia da festa, de uma belíssima carruagem saiu uma jovem muito bonita e bem trajada, a Madame Tierrê - embaixatriz de um reino aliado, que não tinha mais de vinte anos de idade.

A comemoração do aniversário de Ricardo começou de manhã com uma missa celebrada pelo Arcebispo do reinado. O catolicismo predominava na época e os reis eram praticantes fervorosos.

Muita música executada pela Camerata do palácio e finos pratos atendiam os mais diversificados paladares, pois o número de convidados passava de quatrocentos.

À noite, um baile de máscaras serviu para fechar com chave de ouro a comemoração. Os trajes luxuosos dos convidados e a riqueza do salão marcaram a data. Ricardo, um verdadeiro gentleman, dançava com todas as moças, não se esquecendo de Regina, Maria Cristina e Tierrê.

O rei tinha conversado com o monarca aliado, mas, por ter fraturado uma perna, não veio para a comemoração. A conversa era um acerto de casamento entre seus filhos Ricardo e Tierrê, visando à ampliação de forças para combater inimigos em comum. Não foi difícil convencê-los, pois, durante o baile, enquanto dançavam também trocavam elogios e confidências.

Tierrê já sabia do acordo e Ricardo ficou ciente quando seu pai perguntou qual a impressão que teve da moça. Assim, com o aceite de ambos, foi marcada a celebração do casamento para início do verão seguinte. Tierrê ficou no castelo se preparando e aguardando o casamento.

Um jovem da nobreza local ficou encantado por Maria Cristina. Era o Duque de Calais. Não era muito atraente, mas era muito gentil e culto. Assim, foi ao rei pedir a mão de Maria Cristina, que consultou a filha e, após sua aceitação, concordou em marcarem o casamento.

Parece que todos tinham combinado enlace matrimonial, pois, passado um mês, foi a vez de Regina, com o filho de um monarca africano. Também foi um contrato de interesses. Nesse caso, ela deveria se transferir para outro continente e aguardar o casamento com um dos filhos do monarca.

Certa noite, Maria Cristina sonhou que Regina não casaria porque, na África, adquiriria uma doença contagiosa que iria se propagar. No sonho, via Regina agonizando até falecer. Outra noite foi a vez de sonhar com a rainha. Viu uma emboscada com a carruagem, quando ela se dirigia para o palácio de verão que ficava no litoral do Mar Mediterrâneo.

Impressionada, Maria Cristina foi visitar sua mãe e contou os sonhos. Maria Cândida escutou com tranquilidade sua filha e logo reagiu, dizendo que, às vezes, também tinha sonhos horríveis, mas que não se concretizavam.

Voltou ao castelo, mas os sonhos continuavam a perturbá-la. Ficou ainda mais abalada quando o primeiro se concretizou: Regina, que já estava há quatro meses na África, adoeceu e veio a falecer um mês antes do casamento.

Maria Cristina não teve coragem de contar para mais ninguém, além de sua mãe, o que tinha sonhado e acontecido. Como falar a respeito do segundo sonho? Poderiam até considerá-la bruxa e, com a Inquisição, seu destino seria muito cruel: a fogueira, se fosse condenada.

Quando a rainha fazia os preparativos para seguir ao litoral, teve vontade de dizer para se precaver e levar mais soldados por segurança. Entretanto, com o mesmo receio, deixou de avisar. A comitiva da rainha estava a 20 milhas do litoral quando foi atacada por um bando de ladrões e criminosos que, além de roubarem os pertences, mataram todos. Assim, com o segundo sonho concretizado, Maria Cristina ficou bastante perturbada, tinha medo de dormir e de voltar a sonhar.

Duque de Calais, seu futuro marido, começou a se preocupar com o estranho comportamento que ela deixava transparecer. Chegou a conversar com Ricardo, primogênito do rei, mas, com os preparativos para o casamento, estava mais distante da sua irmã bastarda.

O rei estava de luto pela morte da filha e da rainha, então não recebia ninguém; a não ser que o motivo fosse urgente e relacionado à coroa. O duque, como não conseguiu falar com ele, resolveu desmanchar o casamento e, assim, rescindiram o contrato.

No dia do casamento de Ricardo e Tierrê, o castelo estava enfeitado com bandeiras dos reinos. A do noivo era com predominância da cor vermelha e a da noiva, azul celeste. A comitiva do rei, pai de Tierrê, chegou em um lindo entardecer e as carruagens compunham o cenário com o jardim florido do castelo.

O rei e a nobreza estavam esperando a comitiva no salão principal, mas a cadeira da rainha, que havia falecido na emboscada, estava lá: vazia. Ricardo e Tierrê estavam sentados à direita do rei. Foi uma recepção com uma mistura de alegria e sentimentos pelas recentes perdas. Os reis se cumprimentaram, trocaram presentes, e os hóspedes foram conduzidos a aposentos espaçosos e cuidadosamente preparados. À noite foi oferecido um lauto jantar.

A igreja do castelo estava toda decorada com flores do campo e tapetes enormes cobriam o corredor que dá acesso ao altar-mor. Um coral, acompanhado por violinista, e o Arcebispo aguardavam a chegada dos noivos.

Ricardo, magro, alto e moreno, de olhos azuis, vestia um vistoso traje de príncipe herdeiro. Demonstrava ansiedade, esperando para adentrar a igreja em companhia de Maria Cristina. Ela chegou com um vestido verde claro, todo bordado a mão. Os cabelos estavam bem arrumados e usava sapatos de grife, externando, assim, toda sua beleza. Os violinistas ensaiaram as primeiras notas e o coral se fez presente, e, assim, o príncipe Ricardo foi conduzido ao altar por Maria Cristina.

Quando deixou Ricardo no altar, teve uma sensação estranha. Começou a escutar vozes que pareciam vir de muito longe, dizendo que novas revelações seriam recebidas em sonhos. Foi o suficiente para ficar em pânico. Ajoelhou-se na igreja e, rezando, pedia para não ter mais sonhos com tragédias que pudessem acontecer.

Tierrê, a noiva, entrou na igreja de braço com o rei, seu pai, ao som da marcha nupcial executada por violinistas do castelo. Seu vestido foi desenhado pela melhor estilista do reino - simplesmente deslumbrante. Realizada a cerimônia de casamento, a recepção e o banquete para a família real e os quinhentos convidados foi no enorme salão de festas.

Maria Cristina, um tanto amedrontada com as vozes que escutava e com a possibilidade de sonhos com premonições, resolveu ir morar com sua mãe. Com ela poderia falar sem receio, desde que estivessem sozinhas e sem ouvidos de estranhos.

Foi excelente a mudança. No palácio de Maria Cândida, a convivência era mais leve e sem os deveres da Corte. A única coisa que a incomodava era a presença de guardas reais, pois seu pai permitiu que lá morasse se ficasse bem protegida. Não queria perder outra filha.

Os sonhos premonitórios se dissiparam e Maria Cristina voltou a ser aquela moça alegre. Frequentava a igreja, onde conheceu Gotard, um belo jovem, filho de um nobre que frequentava a Corte. A empatia entre os dois foi muito grande e não demorou a iniciarem o namoro, que veio com planos de casamento. Eram almas muito próximas, então quando os dois estavam juntos pareciam duas crianças esbanjando felicidade.

Gotard, acompanhado de seu pai, foi ao castelo pedir ao rei a mão de Maria Cristina em casamento. O rei, que já havia conversado com a filha, disse que ela aceitava casar se a cerimônia fosse realizada no palácio da sua mãe, onde estava morando. Atendendo ao desejo da filha, o rei aceitou.

No casamento, o palácio havia sido preparado conforme Maria Cristina determinou. Queria uma cerimônia bonita, mas com a simplicidade com que aprendera a viver, depois que foi morar com a sua mãe.

O rei, ao chegar para a cerimônia, conferiu o título de Duque de Alvisan a Gotard. Ao som da Camerata do Reino, conduziu a noiva ao altar. A recepção foi no salão principal do palácio, para nobres e convidados.

A convite da mãe da noiva, o casal aceitou morar junto dela. O palácio de Maria Cândida era muito grande, pois, antes de o rei presenteá-la, era morada de campo da realeza.

Passados dois anos, Maria Cristina deu à luz Gisela, uma linda menina. Gotard ficou decepcionado, pois esperava um menino. Com isso, ele mudou de comportamento e passou a maltratar a esposa e a filha. Gotard desaparecia por vários dias, voltava bêbado e maltrapilho, exigindo que a sogra o desse dinheiro para pagar suas dívidas nos prostíbulos que frequentava.

Tal situação fez Maria Cristina voltar a ser depressiva e adoecer. Sua mãe, inconformada, contou ao rei. Ele confiscou o título de nobreza e o proibiu de visitar a filha, ordenando aos guardas que o expulsasse quando aparecesse. Com o estado depressivo agravado, Maria Cristina rejeitava se alimentar e foi enfraquecendo até desencarnar por uma falência renal.

Ao saber da morte, Gotard se atreveu a ir ao velório, com a intenção de raptar a pequena Gisela e conseguir um polpudo resgate. Foi daí que Maria Cândida, ao ver a aproximação do genro, ordenou aos guardas que o matassem. Ao pressentir a morte, Gotard disse que iria persegui-los em outra vida.

Maria Cândida faleceu aos sessenta e nove anos. Foi a primeira encarnação do espírito de Franchesca, e voltou a reencarnar próximo a cidade de Aberdeen – ao norte do Reino Unido – no início do século XI.

Na última década do século XX, já doutrinado, o espírito de Gotard enviou a seguinte mensagem:

Vocês devem agradecer a luz e a energia que pairam em vossas cabeças.

Seus guias estão presentes e atentos aos seus pedidos, seja de proteção, saúde, espiritual, enfim, é impressionante a receptividade desses espíritos.

Quem de vós tem vontade de ser atendido agora?

Agradeço a oportunidade que me deram, de me comunicar.

Fiquem com Deus que é bom e semeia amor.

Me despeço.

Gotard.

Capítulo XIV

Um pajé na Amazônia

Quando uma alma está predestinada a encarnar e trabalhar, para evoluir espiritualmente, sua vinda pode ocorrer nos mais exóticos e diferentes lugares da Terra. Assim foi a encarnação do menino índio Itakaré, segundo filho do cacique Itassurana, de uma tribo localizada na Amazônia, extremo norte do Brasil.

Foi no início do século XVI. Eram índios muito guerreiros que resistiam ferozmente às invasões em suas terras. Praticavam a antropofagia, comendo a carne de seus inimigos mortos. Tinham a crença de que as virtudes que eles possuíam estariam impregnadas na carne.

A aldeia tinha uma grande maloca, construída de taquaras, barro e palha, onde os conselheiros da tribo se reuniam. Ao redor havia várias tabas, habitações menores, e um Opy, para realização dos rituais sagrados.

Na tribo, as mulheres cuidavam das crianças, plantavam milho, mandioca, faziam colheita e preparavam os alimentos. Os homens usavam cocares de penas de aves, defendiam a tribo, abriam clareiras na mata para as mulheres plantarem, caçavam e pescavam. Nas celebrações, pintavam o corpo de vermelho, com sementes de urucum, branco, com um barro que chamavam de tabatinga, e preto, com jenipapo.

Da aldeia era possível enxergar o gigante verde, conhecido como Monte Sagrado. Diziam ter surgido como punição por terem derrubado uma bananeira considerada sagrada pelos indígenas.

O indiozinho Itakaré tinha uma grande admiração pelo índio Suranssá, pajé da aldeia. Não perdia um ritual de cura. Ficava observando o pajé beber tafiá e evocar os ancestrais, pedindo orientação para curar os enfermos da tribo. Depois, queimava algumas ervas no cachimbo e espalhava a fumaça no doente. Usava plantas para fazer chá. Fazia mímica, dançando e imitando animais que evocava e incorporava.

Ao crescer, Itakaré não tinha vontade de ser um grande guerreiro, mas gostava de catar ervas na floresta e trazer para o pajé lhe ensinar a serventia.

O pajé, como líder espiritual, guarda o conhecimento da vida dos antepassados, da cultura e história da tribo. Ele é quem entra em contato com espíritos e procura demonstrar os poderes sobrenaturais, durante os rituais de pajelança.

Itassurana acompanhava o crescimento do seu filho e, acreditando que se tornaria um pajé, passava horas conversando com ele. O filho primogênito era um grande guerreiro e seu natural sucessor.

Muitas vezes, Itakaré era visto falando sozinho no meio da floresta. Conversava e, no diálogo, mencionava o nome de ancestrais falecidos há muitos anos. Tinha uma espiritualidade presente, que chegava a assustar alguns índios da tribo. Suranssá, observando o comportamento e as manifestações espirituais de Itakaré, disse a ele que os espíritos dos ancestrais o estavam convidando para também ser pajé na tribo, apesar da sua juventude.

Num dos ataques efetuados por invasores, o filho mais moço do cacique Itassurana foi ferido por flecha, no abdômen. Seu estado era bastante crítico. Levaram-no para a Opy da aldeia e começaram com a pajelança. Foi o primeiro caso mais grave em que Itakaré iria atuar, junto com Suranssá. Na sua iniciação, como enfermo, tinha seu irmão Itangira. Assim, com muita reza e incorporações, os dois pajés limpavam o ferimento e aplicavam diferentes ervas.

Após duas semanas, Itangira começou a melhorar. Passado um mês, já estava curado. A mesma sorte, contudo, não teve o outro índio, mais velho, que veio a falecer quando flechado no coração.

A pajelança para o ritual de sepultamento consistia em envolver o morto em uma rede, na posição fetal e colocado junto com seus pertences na sepultura, nivelada com barro dentro da sua taba, que era abandonada por alguns dias e depois queimada. Se alguns objetos não puderam ser sepultados, também eram queimados.

Na tribo, a poligamia só era permitida ao cacique. As mulheres escolhiam o companheiro que apresentasse algumas qualidades; não era o amor que determinava a escolha, e sim se era um bom guerreiro, grande caçador ou curandeiro. Já os homens procuravam como companheira as mais trabalhadoras, ficando a beleza em segundo plano. O casamento só acontece quando o casal passa por rituais que comprovem serem adultos. Não há namoro. Eles, simplesmente, decidem se casar.

Quando Itakaré resolveu se casar com Kalianá, foi uma comemoração muito especial; ele, pajé e filho do cacique e ela, filha de um dos mais influentes conselheiros da tribo. Nos preparativos, os familiares pintaram os noivos e os adornaram com flores e penas. A cerimônia foi realizada pelo cacique Itassurana e pelo pajé Suranssá.

Quando nasceu o primeiro filho de Kalianá, Itakaré ficou cuidando da criança durante vários dias, pois acreditavam que, após o nascimento, uma força do pai era transmitida para a criança.

A vida na aldeia estava tranquila, sem invasões ou outros acontecimentos, até que, em um acidente de caça, o cacique Itassurana morreu. Após o funeral, instalou-se o luto na aldeia e os conselheiros da tribo se reuniram para empossar Itaassú, o primogênito de Itassurana, como cacique da tribo.

Como estava muito idoso, o pajé Suranssá já não tinha muita resistência para os rituais de pajelança. Agora, quem assumia as incorporações e dançava freneticamente era Itakaré, que passou a se chamar Pajé Ita.

Suranssá, após dois anos, também faleceu e a tribo prestou grande homenagem fúnebre àquele que, por muitos anos, tratou das enfermidades do corpo e da alma. Seu espírito nunca mais reencarnou, sendo até os dias atuais um grande protetor de espíritos encarnados.

Pajé Ita viveu muitos anos e foi considerado um dos grandes líderes espirituais da tribo. Desencarnou muito velho e, como Suranssá, não mais reencarnou, sendo um espírito protetor das matas, animais e daqueles que vivem em contato com a natureza.

Capítulo XV

A vida de Marcos e Joana

No século XIX d.C., em Honfleur, um vilarejo portuário próximo a Deauville, ao norte da França, morava um ferreiro conhecido como Marlon dos Metais. Criava objetos de ferro e aço, forjando metais. Era responsável por grande parte da fabricação de machados, lanças e espadas utilizados pelos soldados da região e, também, pás, enxadas e outras ferramentas agrícolas.

Era um homem muito forte, de baixa estatura, moreno e cabelos crespos. Tinha dois empregados para ajudá-lo a dar conta das muitas encomendas. Sobreviveu mesmo com a Revolução Industrial, que o fez declinar o ofício de ferreiro devido ao surgimento de indústrias metalúrgicas.

Marlon era casado com Adrienne, uma francesa de pele, olhos e cabelos claros, nascida em Saint-Étienne, cidade localizada no centro-leste da França e que foi, por muito tempo, conhecida como cidade das armas.

O casal morava em Honfleur, em uma casa térrea, bem espaçosa, no alto do morro. Era ligada ao porto (que conectava com o Canal da Mancha) por uma pequena ruela. Ao lado da casa ficava a oficina onde Marlon forjava os metais.

Em uma única gestação, tiveram filhos gêmeos: o menino Marcos e a menina Joana. Ambos loiros e de olhos claros. Eram lindas crianças.

Nos fundos da casa onde moravam, tinha um pequeno pomar repleto de árvores frutíferas. Em duas árvores do pomar, Marlon instalou dois balanços feitos de corda e assentos em madeira, onde os gêmeos passaram um bom tempo de suas infâncias brincando felizes.

Quando atingiram a idade escolar, foram matriculados no melhor colégio da região. Os dois sempre se destacavam dos demais alunos, pois eram muito aplicados e sempre obtinham as melhores notas. Marcos e Joana também apresentavam uma grande sensibilidade artística e demonstravam talento quando participavam de exposições no colégio, com seus trabalhos de pintura em tela sendo sempre muito elogiados. Essa aptidão foi grande influenciadora do caminho que deveriam seguir.

Quando chegou o dia da formatura no ensino médio, uma solenidade foi marcada e, entre os convidados, estava um professor que havia chegado de Paris. O salão nobre do colégio estava repleto de familiares e convidados dos formandos. Na frente, uma mesa ornamentada com flores, onde estava o diretor, autoridades locais, o professor padrinho dos formandos e o convidado especial que veio de Paris.

O diretor deu início à solenidade e, após alguns discursos, procederam à entrega dos certificados e das premiações. Como no aproveitamento escolar os gêmeos tinham obtido as mesmas notas, a diretoria do colégio combinou de chamá-los juntos para receberem o prêmio de melhores alunos.

Quando chegou o momento, os dois se levantaram e foram em direção à mesa das autoridades. Muitas palmas e manifestações dos familiares, amigos e convidados.

A grande surpresa foi quando o professor, recém-chegado de Paris, levantou-se e veio ao encontro deles. O professor trazia dois lindos envelopes. Cumprimentou com um sorriso e demorado aperto de mão, entregando um envelope para Marcos e outro para Joana. Nos envelopes estavam os documentos enviados pela diretoria da Escola de Belas Artes de Paris, oferecendo bolsa de estudos integral para os cursos de pintura e arquitetura.

Quando abriram os envelopes, os gêmeos ficaram perplexos, pois não esperavam uma premiação tão importante e generosa. Agradeceram ao professor e começaram a pular de alegria.

Os familiares e amigos convidados ficaram sem saber o motivo de tanta alegria, então o diretor do colégio tomou a palavra e explicou a premiação. Foi um alvoroço: todos se levantaram e aplaudiram Marcos e Joana.

Seus pais, Marlon e Adrienne, esbanjaram orgulho e felicidade e eram cumprimentados por todos os presentes na cerimônia. Não viam a hora de beijar e abraçar os filhos que criaram com amor e dedicação.

As aulas, em Paris, iniciariam ao término do verão e, faltando três meses, a família precisava se organizar financeiramente. Como manter a estadia dos filhos em outra cidade?

O acontecimento da premiação espalhou-se pela cidade. Marcos e Joana eram muito assediados pelos moradores, que gostariam de ter um quadro pintado por eles antes que ficassem famosos e não pudessem mais adquiri-los. Então, os irmãos não perderam tempo. Procuravam inspiração nos campos, nas construções antigas, no porto da cidade e onde a sensibilidade artística os conduzia. Pintaram alguns quadros, que foram vendidos, seus pais juntaram suas economias e o colégio onde se formaram também contribuiu com certa quantia em dinheiro.

A Escola de Belas Artes é constituída por um conjunto de prédios, ornamentados com muitas colunas, estátuas e flores. No seu interior, além das salas de aula e ateliês, há um amplo espaço para exposições e apresentações das mais diferentes manifestações artísticas. A história da escola coincide com o desenvolvimento das artes na França.

Com uma semana de antecedência ao início das aulas, Marcos e Joana embarcaram com destino a Paris, acompanhados de seus pais, pois ainda eram muito jovens. Paris ficava a aproximadamente 200 km da cidade de Honfleur, onde moravam, portanto a viagem durava poucas horas. Lá chegando, o objetivo da família era encontrar um bom lugar para hospedar os filhos.

O irmão mais novo de Adrienne trabalhava em Paris e estava hospedado em uma casa de família. Como tinham o endereço, foram procurá-lo. Adam não estava em casa, mas dona Eloise os atendeu - era a dona da casa, que alugou o quarto onde ele morava. Conversando, ela disse que não tinha mais lugar na sua casa, mas que a vizinha, dona Emmanuelle, tinha dois quartos disponíveis. Assim, foram falar com dona Emmanuelle, conheceram a casa e acertaram a hospedagem para os dois irmãos.

Marcos e Joana estavam ansiosos pelo início das aulas e, enquanto isso, passeavam por Paris, ciceroneados por seu tio Adam. Visitaram a Catedral de Notre-Dame, as obras da Torre Eiffel, o Arco do Triunfo e outros monumentos de interesse arquitetônico.

A Escola de Belas Artes era dividida em dois setores: arquitetura e pintura com escultura. No currículo, havia aulas diárias de desenho - sendo bastante explorado o nu artístico. Professores altamente gabaritados compunham o quadro docente da instituição.

Iniciadas as aulas, Marcos e Joana se dedicaram em tempo integral aos estudos. Com professores muito rigorosos, tinham de estar sempre atentos aos ensinamentos. Ambos se inscreveram no curso de pintura e escultura. Assim foi a vida dos irmãos nos dois primeiros anos que, quando de férias, aproveitavam para visitar os pais em Honfleur, além pintar e vender alguns quadros.

Quando cursavam o último ano, um dia, durante o intervalo das aulas, Marcos ouviu uma conversa animada entre dois colegas. Falavam de um tal de Allan Kardec, que havia falecido há mais de dez anos e tinha publicado vários livros, sendo um deles denominado "O Evangelho segundo o Espiritismo".

Ouviu algumas passagens da conversa e ficou muito impressionado. Ao retornar para casa, comentou com Joana o ocorrido.

Interessados, foram à procura dos livros publicados por Kardec e compraram dois: "O Livro dos Espíritos" e "O Evangelho segundo o Espiritismo". Nos momentos livres do compromisso das aulas, liam e trocavam ideias a respeito da vida pós-morte.

Passado um tempo, Marcos procurou Remy e Joelle, os dois colegas que falavam a respeito do Evangelho. Combinaram um encontro na casa de Remy, um jovem cujo pai era um comerciante bem sucedido. Em um bonito e amplo escritório na casa de Remy, os quatro se reuniram várias vezes para estudar mais profundamente os livros de Kardec.

Marcos e Joana eram os mais sensitivos e, com os estudos da espiritualidade, foram permitindo o desenvolvimento da mediunidade. Uma noite, na casa de dona Emmanuelle, onde estavam hospedados, Joana começou a balbuciar algumas palavras em outro idioma, como se estivesse falando com alguém. Marcos, a princípio, pensou que era brincadeira da irmã, mas observando melhor ficou um tanto assustado. Passados alguns minutos Joana voltou ao normal e, quando indagada por Marcos, disse que não se lembrava do ocorrido. Assim foi o primeiro contato dos irmãos com algum espírito do plano superior. Resolveram não contar nada para Remy e Joelle, mas continuavam se reunindo.

Um mês depois foi a vez de Marcos apresentar um comportamento diferente. Ele e Joana estavam sentados em um café, depois da aula. Não tinham acabado de tomar o café, quando Marcos falou que deveriam ir embora logo. Disse ter visto a imagem do seu avô, que havia falecido quando ele ainda era criança, pedindo para os dois saírem dali urgente.

No momento, Joana ficou assustada. Pediram a conta, recolheram seus livros e foram para casa. Ficaram sabendo, no dia seguinte, que tinha ocorrido uma briga no café e dois clientes haviam sido gravemente feridos.

Um mês depois, Joana acordou no meio da noite bastante assustada. Sonhou que seu pai havia se queimado enquanto forjava metais, fabricando espadas e punhais. Ao amanhecer contou para Marcos, que, preocupado, disse que iria até Honfleur conversar com os pais, mas que Joana poderia ficar para não perder aulas.

Ao chegar à casa dos pais, Marcos tinha dificuldade de explicar o verdadeiro motivo da sua viagem. Primeiro inventou uma desculpa qualquer, como se precisasse de um documento do colégio.

No dia seguinte, ao saber que Marlon, seu pai, tinha que forjar uma grande quantidade de espadas, disse ao pai que estava aguardando o documento e, como tinha tempo disponível, gostaria de ajudá-lo. Foram conversando para a oficina e começaram o trabalho. Marlon ia acender a forja e Marcos se antecipou dizendo que isso ele sabia fazer. Quando foi acender, uma explosão lançou uma língua de fogo sobre Marcos, deixando grande parte do seu corpo queimado.

Marlon, apavorado, abafou o fogo com um velho tapete que estava na oficina e pediu ajuda aos empregados para levá-lo ao hospital. Marcos ficou hospitalizado entre a vida e a morte. O rosto não tinha muita queimadura, mas os braços e o tronco estavam em carne viva.

No momento da explosão que vitimou Marcos, na mesma hora, Joana, em sala de aula, teve um mal súbito e desmaiou. Os professores a levaram para a enfermaria da escola e, após alguns minutos, voltou a si.

Marlon pediu a um de seus empregados para que fosse a Paris, pedir para Joana voltar para Honfleur, mas para não contar o acontecido e dizer que ela precisava assinar uns documentos junto com Marcos no tabelião local. Assim foi feito; Joana, acompanhada do empregado de Marlon, embarcou no trem e, muito ressabiada, chegou em casa.

Encontrou seu pai e sua mãe muito tristes e abatidos, e logo perguntou por Marcos. Com bastante cuidado, contaram a ela o ocorrido. Joana ficou perplexa e logo se lembrou do sonho que tivera com seu pai.

Foram para o hospital ver Marcos, que estava em uma ala de queimados. Não podia falar, mas, ao ver Joana, desceram lágrimas dos seus olhos. Estava muito fraco e os médicos não davam muita esperança de recuperação.

Abalada com o acidente, Joana abandonou o sonho de ser uma grande pintora e pediu ao pai que mandasse buscar seus livros e roupas que ficaram em Paris, juntamente com as de Marcos. Os acontecimentos mexeram demais com a cabeça de Joana e, para ela, o conhecimento da espiritualidade que era responsável pelo acidente do irmão. Chegou a pensar em colocar fogo nos livros de Kardec.

Certa noite, quando estava no quarto do hospital junto do irmão, observou que ele queria lhe dizer alguma coisa. Chegou bem perto e colocou o ouvido próximo a sua boca e Marcos falou:

– Estou subindo para me encontrar com os Espíritos de Luz, não esmoreça e continue estudando Kardec. Vou me comunicar muitas vezes com você.

Após proferir essas palavras, Marcos deu seu último suspiro.

Foi realmente uma tragédia inexplicável, uma troca de vidas. O filho desencarnou para proteger o pai, uma doação que só buscamos explicação na espiritualidade.

Após as solenidades fúnebres, ao voltar para casa, Joana chamou seus pais e relatou todos os acontecimentos. Desde a compra dos livros de Kardec, as reuniões na casa de Remy, os sonhos e premonições. Contou das últimas palavras de Marcos e o pedido dele para continuar estudando Kardec, a fim de entender como ocorrem as manifestações espirituais e a mediunidade.

Marlon e Adrienne escutaram com atenção o relato da filha. Foram deitar, mas não conseguiam dormir. A visão do sepultamento de Marcos e as palavras de Joana ficaram gravadas nas suas mentes.

Ao se levantarem, durante o café da manhã, reinou um silêncio que foi quebrado quando Marlon pediu emprestados os livros de Kardec para ler. Disse que precisava entender como um filho forte, jovem, bonito e com futuro promissor poderia trocar de lugar com um pai velho, cansado e o corpo judiado do ofício de ferreiro.

Joana foi buscar os livros e, antes de entregá-los, fez alguns relatos a respeito do que havia aprendido sobre o espiritismo. Dona Adrienne ouvia com muita atenção o relato da filha e disse que também gostaria de ler e conhecer melhor a doutrina espírita.

Não levou muito tempo e os três já se reuniam, semanalmente, para ler e comentar trechos do Evangelho de Kardec. Em uma dessas reuniões, Joana mudou o semblante e, com uma entonação de voz grave, disse: *"Meu desencarne não foi em vão, quando vejo vocês reunidos aprendendo que a alma continua viva após a morte"*.

Voltando ao estado normal, todos entenderam que a mensagem era de Marcos e, agradecidos, fizeram uma oração.

Em conversas com parentes e amigos, alguns ficaram interessados em participar das reuniões. Assim formou-se um grupo de estudos da espiritualidade.

O espírito de Marcos era o mentor e se manifestava sempre através de Joana, a médium mais desenvolvida do grupo. Trazia mensagens de otimismo e de libertação das influências de espíritos de pouca luz.

O grupo alugou uma sala bem grande e lá colocaram cadeiras para quem quisesse assistir às reuniões. Na frente, havia uma mesa com oito cadeiras, onde sentavam os médiuns e os pacificadores.

Com a missão cumprida, o tempo de Joana nesse mundo também estava se completando. Ela mesma sonhou que iria desencarnar em um trabalho de parto.

Passado um tempo, Joana começou a namorar Roullan, um jovem comerciante que também morava em Honfleur e participava dos encontros espirituais. Roullan era dotado de forte mediunidade e muitas vezes psicografou mensagens de Marcos. Uma das mensagens que psicografou dizia: *"Aconteça o que acontecer, nunca abandone a crença na espiritualidade. Você é muito importante para a continuidade dos trabalhos"*.

Roullan era comerciante, tinha muitos amigos e excelente condição financeira. Ele construiu uma bonita casa para morar com Joana e dizia que gostaria de ser pai de três filhos. Quando casaram, fizeram uma bela recepção para cento e vinte convidados.

Após seis meses do casamento, Joana comunicou ao marido que estava grávida. Lembrou-se do sonho que tivera, mas nada falou. Foi uma gravidez complicada, ficava sempre muito inchada e, às vezes, tinha pequenos sangramentos. Ia parar no hospital com frequência, mas se recuperava e voltava para casa. Certa noite, começaram as contrações e o líquido amniótico vazou. Saíram às pressas para o hospital, com Joana sentindo uma dor terrível.

Na sala de parto, o médico de plantão ficou preocupado com o estado da parturiente: estava pálida e com muita retenção de líquido. Ao examiná-la, percebeu que o bebê não estava bem posicionado.

O sonho se concretizou. Nasceu um lindo menino e Joana desencarnou. Ao subir, o espírito de Marcos já esperava por ela. Disse que agora estavam novamente juntos e, na espiritualidade, trabalhariam muito para tratar de almas aflitas.

Roullan criou seu filho e atendeu ao que havia psicografado antes da morte de Joana.

Uma mensagem do espírito de Marcos foi psicografada, no século XX, a pedido de uma senhora que estava prestes a realizar uma cirurgia.

"Meus irmãos. Venho hoje com a missão de trazer conforto e segurança para essa irmã que estará sendo tratada pelo espírito encarnado de branco em outra cidade.

Irmã, podes seguir com confiança, pois nossos guias espirituais estarão presentes e reunidos.

A corrente que será formada é forte e Doutor Oslav estará presente, orientando e trabalhando junto com o médico encarnado, que terá em suas mãos o instrumental cirúrgico.

Nosso encontro de hoje será exclusivamente para formarmos uma corrente preparando os nossos guias para a cirurgia.

Tenho informações do sucesso.

Graças a Deus.

Marcos".

Capítulo XVI

Vida de André Battista na Itália

Pietro nasceu em Gênova, cidade italiana da região da Lingúria, no século XIV. Excelente artesão de madeira, fabricava portas ricamente trabalhadas para residências de nobres e castelos da realeza. Nessa época, as relações entre as cidades portuguesas e italianas intensificaram-se. O porto de Gênova era um dos mais importantes do Mar Mediterrâneo e, por ele, eram exportados vários produtos manufaturados, inclusive mobiliários valiosos. Com a prosperidade do comércio, Pietro tornou-se ainda mais requisitado, expandiu sua produção e prosperou.

Ele era um homem alto, magro, de pele clara e olhos esverdeados. Casou-se com Paloma, uma espanhola que veio de Toledo, filha de ourives. Dona de longos cabelos castanhos, era uma mulher alta e muito bonita, com destreza invejável para os trabalhos manuais. Desde muito jovem, ainda em Toledo, ajudava seu pai na fabricação de joias. Depois de casada, passou a desenhar os móveis que eram produzidos pelos artesãos na oficina de Pietro.

Moravam próximo ao porto, em uma casa ampla de dois pavimentos. A marcenaria ficava no piso térreo; a residência, no superior. Tinham uma sala espaçosa, com uma sacada ampla, que emoldurava uma bela vista para o mar. Esse era o cômodo preferido de Pietro, onde ele passava seus momentos de relaxamento, apreciando a bela imagem.

Com a transição da Idade Média para Idade Moderna, a nobreza e o clero foram aos poucos perdendo a importância e a burguesia - os comerciantes, donos dos meios de produção – tornou-se um grupo social muito fortalecido. O comércio propiciou o desenvolvimento de novas tecnologias, fazendo a produção especializar-se e expandir-se. Maquinários passaram a ser utilizados nas oficinas, estaleiros proliferaram para atender a expansão marítima do comércio. A introdução do conhecimento dos algarismos arábicos, desenvolvido no Oriente e trazido por mercadores, facilitou a contabilidade e desenvolveu o pensamento abstrato de alguns estudiosos.

Os humanistas modernizaram as universidades europeias, introduzindo disciplinas que chamavam Estudos Humanos. Com isso, alguns pensadores passaram a acreditar que estavam em um momento de renascimento cultural. Surgiu, então, uma nova geração de artistas e muitos burgueses se tornaram mecenas, verdadeiros protetores das artes.

Nesse contexto, após quatro anos de casamento, Paloma deu à luz um menino, o primeiro de seis filhos – quatro homens, duas mulheres. Chamaram-no André Battista.

André era uma criança com uma capacidade intelectual invejável. Já na tenra idade interessava-se em aprender. Por muito incomodar sua mãe, pedindo que lhe ensinasse a ler e escrever, já estava alfabetizado aos cinco anos de idade.

Mais tarde, já na escola, estava sempre à frente dos colegas, criando uma situação difícil para os mestres. Interrompia as aulas, querendo aprofundar mais os temas que estavam sendo ministrados. Muitas vezes discutia com professores, na tentativa de corrigi-los. Certa vez, um dos professores conversou com ele, pedindo que esperasse até o final da aula para fazer suas indagações. Argumentou que seus colegas já estavam incomodados com as seus questionamentos durante as aulas. Pouco adiantou. André, que já vinha pra aula com conhecimento do conteúdo, não conseguia conter sua curiosidade, e em nada mudou.

Com a situação ficando cada vez mais difícil, André foi levado ao diretor do colégio para que uma decisão fosse tomada. O diretor sugeriu que o conselho de professores avaliasse o nível de conhecimento do aluno, para saber até onde chegava, e, assim, transferi-lo para uma classe mais adiantada. Feito isso, André foi transferido e passou a frequentar uma classe dois anos à frente, com o compromisso de estudar os conteúdos necessários.

Os anos passaram e chegou o momento de escolher uma profissão. Admirava o ofício do pai, mas sua alma estava muito ligada às ciências da saúde. Passava horas debruçado em livros médicos, pesquisando as enfermidades. Decidiu seguir sua intuição. Foi aceito no curso superior de Ciências Médicas de Gênova. Com seu histórico escolar, dois anos à frente nos estudos regulares, iniciou, ainda muito jovem, sua vida profissional.

Concluído o curso, André instalou um consultório com uma pequena enfermaria, na casa vizinha onde moravam. Seus pais haviam adquirido essa propriedade, pensando no futuro do filho. Era comum as pessoas serem tratadas em casa, pois não existiam hospitais, apenas algumas enfermarias em conventos e mosteiros.

André foi passar férias de verão na cidade balneária de Santa Margherita. Lá conheceu uma jovem chamada Lorreine que lhe chamou atenção. Estudante de enfermagem, nascida em Lucca, também tinha ido passar o verão com sua família na cidade litorânea. Era alta, de pele branca e cabelos castanho-claros. Seus pais nasceram no sul da Itália, nos arredores da Província de Foggia. Comerciantes, migraram para Lucca, onde tinham parentes, em busca de melhores condições de vida. Lá instalaram um sortido armazém e prosperaram.

André e Lorreine encontraram-se durante um jantar, no restaurante mais tradicional de Santa Margherita. Ela estava sentada a uma mesa ao lado, onde estava André acompanhado de Romeu, um amigo e colega de profissão. Eles conversavam a respeito das doenças que surgiram na época, levando a óbito muitos pacientes. Foi quando seu colega questionou se André acreditava na vida após a morte, e reencarnação. Lorreine, ao escutar o questionamento, virou-se e os olhares se encontraram. Estava interessada na resposta.

Surpreso com a pergunta, André coçou a cabeça e ficou pensativo. Não tinha a resposta de imediato. Lorreine, sem fazer cerimônia, entrou na conversa e disse que seu pai, Nivaldi, tinha visões estranhas com antepassados e sonhos que se realizavam. Pronto, foi o suficiente para Nivaldi, pai de Lorreine, convidar André e o amigo Romeu para se juntarem à mesa. A conversa partiu para o caminho da sensibilidade da alma e seu retorno após a morte.

Ficaram horas, sendo convidados a sair do restaurante pelo proprietário, pois havia chegado a hora de fechar o estabelecimento. Combinaram de se encontrar e continuar a conversa no dia seguinte. Uma forte atração tomou conta de André e Lorreine. Passada a semana de férias, todos retornaram às suas cidades, mas antes, André e Lorreine trocaram endereços e combinaram se corresponder.

Em meados do século XIV, a peste negra chegou à Itália, sendo Florença a cidade que mais foi afetada. A doença foi assim chamada porque deixava manchas escuras no corpo. A forma mais letal, a pneumônica, ceifou muitas vidas na Europa. A peste foi responsável pela ruptura religiosa da sociedade. Havia os que acreditavam que era simplesmente uma pandemia e outros utilizavam a religiosidade para explicar. Diziam que a peste era uma cobrança divina aos malfeitos.

Segundo relatos, em meados do século XIV, chegou a Pisa, na praça do peixe, duas galeras genovesas, provenientes da Romênia. Todas as pessoas que entraram em contato com os marujos dessas galeras adoeceram e morreram.

Com a preocupação de proteger a população da peste, André e Romeu começaram a observar os sintomas da doença. Um famoso cirurgião na época distinguiu dois tipos de peste, a pneumônica e a bubônica. Trabalharam de forma estafante e conseguiram alguns bons resultados, principalmente utilizando métodos de prevenção, com hábitos rigorosos de higiene, evitando contato com pessoas infectadas e com marujos que chegavam, provenientes do Mar Negro ou imediações.

André sempre arrumava tempo para se corresponder com Lorreine. Ela, sempre ansiosa, ia quase diariamente ver se tinha alguma carta vinda de Gênova. Quando recebia, a resposta era imediata. Após seis meses, André foi a Lucca visitar

Lorreine e, pedindo permissão a Nivaldi, começaram a namorar. Foram várias idas e vindas e o namoro sempre fortalecido, marcaram o noivado e o casamento.

O casamento foi na igreja matriz de Lucca, e a recepção, no salão paroquial. Lorreine, com um lindo vestido branco rendado e enorme cauda, entrou na igreja de braço com Nivaldi, e André vestido de fraque a esperava no altar. Após a cerimônia e recepção, saíram em lua de mel. Foram a Roma e ficaram passeando por quinze dias. Ao retornarem, foram direto para Gênova, onde os compromissos laborais os esperavam.

A casa onde estava o consultório de André e enfermaria foi reformada antes do casamento, o que permitiu que o casal também instalasse sua residência. Uma sala ampla, copa, cozinha, banheiro e quatro quartos, assim moravam confortavelmente.

O casal precisou ampliar a enfermaria, para atender as doenças que proliferavam devido às expansões marítimas na época. Lorreine, incansável, trabalhava junto com o marido, atendendo os doentes internados.

Tiveram quatro filhos, dois casais. Todos com um ano de diferença. O mais velho, quando ainda muito pequeno, ficava sempre rondando o consultório do pai, tinha tudo pra seguir a profissão. As meninas iam sempre ao ateliê das tias, para brincar com retalhos de tecidos e o outro menino, o mais moço dos irmãos, adorava coisas do mar.

Passados alguns anos Nivaldi adoeceu e, mesmo com toda a dedicação de André, veio a falecer. Fato semelhante veio a acontecer com sua esposa, dois anos depois.

Lorreine, com o desencarne do pai, passou a ter uma sensibilidade espiritual que foi aumentando com o passar do tempo. Dizia para André que Nivaldi se comunicava com ela. Lorreine sofreu bastante com a espiritualidade que aflorava, sem saber como proceder, ficava muitas vezes fora de si. Comentavam na cidade que estava ficando louca. Paloma era quem mais entendia o que se passava com a nora, e cuidava dela como se fosse filha.

André tinha perdido seu grande amor e enfermeira, Lorreine ficava alheia a tudo, perdera a vontade de comer e precisava ser conduzida para se banhar. Foi ficando enfraquecida e, após uma infecção oportunista, desencarnou.

O filho mais moço estava embarcado em uma galera genovesa, as filhas mulheres estavam casadas e trabalhando com alta costura e o mais velho seguiu a profissão do pai e tornou-se professor da Escola de Ciências Médicas. Pietro e Paloma continuaram trabalhando até envelhecerem, e subiram praticamente juntos.

André ficou viúvo e atendia os enfermos sem exigir pagamento de consulta, e, quando necessário, ia até a casa dos doentes levar os remédios que manipulava. Faleceu com idade avançada. Seu espírito encontrou seus pais, sogros e Lorreine. Todos ficaram aguardando uma próxima encarnação.

Capítulo XVII

Quem foi Geremias?

No litoral nordeste do Brasil, no final do século XIX, vivia um jovem casal. Seu Alípio era um pescador artesanal e Dona Maria Rita era uma fazedora de rendas de bilro.

Moravam na beira da praia, em uma humilde casa de pau-a-pique, com dois cômodos, sala e cozinha. O sanitário ficava fora, em uma minúscula construção de madeira, que abrigava uma fossa. Eram muito jovens, mas com aparência envelhecida pelas dificuldades financeiras que enfrentavam.

Seu Alípio colocava sua canoa no mar de madrugada, levando uma garrafa de água para beber e um pão dormido para matar a fome. Com a tarrafa entre os dentes e em pé na canoa, lançava seguidamente, catando os peixes e camarões que nela vinham. Às vezes, chegava torrado do sol, mas contente com o resultado da pescaria; outras vezes, muito decepcionado, quando não trazia peixes suficientes.

Dona Maria Rita acordava cedo, fazia café e, quando não tinha pão, tomava o café com farinha. Saía para mexer na pequena horta que mantinha nos fundos da casa e dar milho à meia dúzia de galinhas que criava. Depois, sentava-se na porta da casa com a almofada, para tecer renda de bilro. Estava esperando o primeiro filho, que não haviam planejado.

Quando Geremias nasceu, seus pais, Seu Alípio e Dona Maria Rita, diziam para os amigos e conhecidos:

- Como vamos criá-lo? O que já era difícil, piorou ainda mais!

Ela dizia isso não porque detestava a criança, pelo contrário, tinham muito amor por ela, mas as condições precárias em que viviam os deixavam tristes. Queriam oferecer mais conforto ao recém-nascido Geremias.

Seu Jorge, dono de um armazém que ficava próximo da casa de Seu Alípio, penalizado com a situação precária do casal, muitas vezes doava leite e carne para alimentar bem o pequeno Geremias.

Percebendo o carinho do Seu Jorge pelo filho, convidaram-no para batizá-lo. Foi como se ganhasse um presente! Logo aceitou, contou para Dona Rosecleia, sua esposa, foram à paróquia falar com o padre e marcaram o batizado. Os padrinhos compraram roupas para o afilhado e organizaram uma festa. Convidaram praticamente todos os fregueses do armazém. Toda a alegria em serem os padrinhos de Geremias era porque Dona Rosecleia não podia ter filhos, pois tinha um sério problema no útero que a impedia de manter a gravidez.

A casa de Seu Jorge era grande. Na frente ficava o comércio, atrás, a residência e nos fundos, um belo pomar, repleto de árvores frutíferas.

No dia do batismo, Geremias estava completando oito meses de vida; era uma criança alegre, linda, de pele clara e olhos azuis. Bem vestido, abria um largo sorriso a todos que se aproximavam. Alípio e Maria Rita vestiram seus melhores trajes e foram com Geremias no colo até a casa dos padrinhos.

Tomaram um bom café da manhã, com frutas frescas colhidas do pomar, pão e bolo feitos por Dona Rosecleia. Terminada a refeição matinal, foram juntos para a igreja.

A igreja era pequena e estava quase lotada, pois muitos dos convidados para a recepção fizeram questão de acompanhar a cerimônia de batismo. Quando o padre, durante a cerimônia, derramou água na cabeça de Geremias, ele não chorou; abriu um largo sorriso que comoveu o sacerdote e os padrinhos.

Acabando a cerimônia, os convidados foram para a casa de Seu Jorge. Lá foi armada uma grande tenda de lona, no terreno ao lado da casa, onde colocaram duas mesas bem compridas, com bancos laterais. Uma churrasqueira improvisada de tijolos já exalava aquele cheiro típico de costela e frango assados. Como passava de meio-dia, a comilança começou. O cardápio era churrasco com diversos acompanhamentos.

Para animar a festa, contrataram um gaiteiro que, tocando modinhas da época, estimulava o pessoal a dançar, principalmente depois de consumir muita aguardente e cerveja. Escureceu e a festa terminou depois da meia-noite.

A vida continuou. Seu Jorge e Dona Rosecleia prepararam uma festa-surpresa para comemorar o primeiro aniversário de Geremias. Foi uma comemoração semelhante ao batizado. Os padrinhos estavam cada vez mais próximos do lindo e robusto afilhado.

Como a vida sempre apresenta surpresas, Dona Maria Rita, certa manhã quando foi colher verduras na horta, atrás da casa, pisou em uma tábua que tinha um prego enferrujado. O prego perfurou o chinelo e fez um profundo ferimento. Seguindo os costumes da época, para estancar o sangue colocou pó de café e amarrou uma tira de pano.

Passados três dias, a perna direita inteira estava vermelha, muito inchada e ela tinha febre de 40 graus. Já era tarde demais quando Seu Alípio e Seu Jorge a levaram para o hospital, pois havia contraído o bacilo tetânico. Foi um desencarne sofrido. Enquanto a levaram para o hospital, Geremias ficou aos cuidados de Dona Rosecleia.

Dona Maria Rita foi velada na sua humilde casa, em um caixão comprado pelo compadre. Foi sepultada no cemitério que ficava ao lado da igrejinha onde batizaram o menino.

Com o falecimento da esposa, Seu Alípio ficou desorientado e pediu para que os padrinhos ficassem com Geremias, até se refazer da tragédia. Eles imediatamente atenderam ao pedido, pois Geremias era para eles o filho que não conseguiam ter.

Seu Alípio, diariamente, saía para pescar e voltava sempre embriagado e com pouco pescado. Já tinha um enorme ferimento na boca, ocasionado pelo atrito do chumbo da tarrafa que prendia entre os dentes para lançá-la ao mar.

Sem ter hora para pegar sua canoa e sair, não escolhia o tempo. Saía com chuva, sol, vento forte ou tempestade. Diariamente, lá ia Seu Alípio com uma tarrafa e uma garrafa de cachaça, para afogar sua tristeza.

Em uma dessas saídas, sem prestar atenção ao tempo, apesar de ser um pescador experiente e que conhecia as armadilhas do mar, uma enorme onda atingiu a lateral da canoa. Como já tinha bebido muito, Seu Alípio se desequilibrou e bateu forte a cabeça na borda da embarcação, que virou. Desmaiado, sumiu no mar.

Como anoiteceu e ele não tinha retornado, os pescadores do local, que sabiam das condições adversas para pesca naquele dia, avisaram Seu Jorge. Contudo, devido às condições meteorológicas, não era possível colocar embarcações no mar para realizar buscas.

Toda a comunidade ficou consternada e alerta ao aparecimento de algum vestígio do ocorrido. Passados dois dias, a canoa de Seu Alípio apareceu na praia, semidestruída. Seu corpo, em adiantado estado de decomposição, foi encontrado por um barco pesqueiro, dias depois, bem distante da costa.

Geremias, quando já tinha completado dois anos, sempre perguntava pelos seus pais. Dona Rosecleia respondia que estavam no céu, e, à noite, apontava e dizia que seus pais eram agora duas daquelas estrelinhas cintilantes.

Geremias, depois da morte dos pais, cresceu muito rebelde e, às vezes, desobedecia aos padrinhos e tinha de ser repreendido severamente.

Quando completou sete anos, seus padrinhos compraram uniforme, material escolar e o matricularam no Grupo Escolar Santo Antônio. .Na escola era insubordinável e constantemente excluído das aulas ou suspenso por até uma semana. Quando suspenso, não contava para seus padrinhos, colocava o uniforme e, com a pasta debaixo dos braços, ia vadiar na rua com outros meninos.

Em uma das vezes que foi suspenso e ficou jogando bola na pracinha, um conhecido viu e contou para o Seu Jorge, que preparou uma bela surpresa para Geremias.

Quando saiu de casa uniformizado, dizendo que ia pra escola, seu padrinho esperou uns minutos e o seguiu. Quando o encontrou descalço e sem camisa, junto com outros rapazes, pegou Geremias pela orelha e levou até em casa. Ficou de castigo até o fim da suspensão e passou a ser acompanhado até a escola por Dona Rosecleia.

Apesar das medidas para contê-lo, à medida que ficava mais velho, aprontava cada vez mais. Saía com amigos também rebeldes e, depois de muita bebedeira, resolviam apedrejar a casa dos professores e roubar roupas do varal.

Certa noite, a turminha entrou na propriedade do Seu Genovencio, que tinha criação de galinhas, porcos e cabritos. Os quatro rapazes tinham a intenção de roubar algumas galinhas. Como estavam bêbados, não conseguiram entrar em silêncio. Abriram o galinheiro para executar a tarefa, as galinhas se alvoroçaram e, com a gritaria, Seu Genovencio não perdeu tempo: apanhou uma espingarda e disparou tiros de sal.

Dois rapazes foram atingidos, Maneca, no braço, e Geremias, na perna. Foi apenas mais um incômodo para Seu Jorge e Dona Rosecleia, que tiveram de levar o rapaz para limpar o ferimento e fazer curativo no hospital.

Essas peripécias continuaram. Com quinze anos de idade, como não queria mais estudar, Seu Jorge convidou Geremias para ajudar no armazém. Sempre com uma desculpa na ponta da língua, ele dizia que estava pensando em arrumar outro trabalho.

Chegada a época do alistamento militar, como era alto e muito forte, foi destacado para servir no Rio de Janeiro, na tropa de elite do Exército Brasileiro. Seus padrinhos ficaram contentes, pois achavam que servir ao exército seria a grande chance de corrigi-lo.

Não demorou muito para começar a aprontar por lá também. Com dois meses servindo, foi surpreendido dormindo na guarita da guarda, que ficava nos fundos do quartel. Como repreensão, foi detido por um mês, sem poder deixar o quartel, e foi obrigado a fazer faxina nos sanitários.

Terminado o período de detenção, veio a próxima. Brincando com um revólver, que estava descarregado, , corria atrás de um soldado que servia com ele, mas que não sabia que a arma estava sem munição. Pena: dois meses de detenção e mais faxina nos sanitários.

A próxima foi pior. Já estava há oito meses servindo, quando um sargento o repreendeu por estar com as botas sujas. A sua reação foi de violência: tocou um murro na cara do superior. Desta vez, diante da gravidade do seu ato, ficou um mês preso e foi expulso do exército.

Não tinha jeito mesmo, Geremias era incorrigível. Ele dizia que algo o perturbava, fazendo com que tivesse essas reações imprevisíveis e incontroláveis.

Ainda no Rio de Janeiro, conheceu Zelândia. Ela era uma senhora viúva, dezoito anos mais velha e muito bem de vida, mas que era muito carente. Seu marido ficara hospitalizado por nove meses antes de morrer, causando muito sofrimento. Logo ela se apaixonou por Geremias e, sem pensar muito, convidou o rapaz para morar com ela. Nos primeiros meses era só lua de mel. Não demorou, porém, até que voltasse a aprontar. Assim aconteceu: exigia dinheiro da mulher, ficava longe de casa por vários dias e só voltava quando precisava de mais.

Por amor, Zelândia aguentava muitas coisas. Entretanto, em uma noite, embriagado, chegou em casa abraçado com uma prostituta e dizendo que pretendia dormir com as duas. Ele ria e beijava a prostituta, que olhava para Zelândia e a convidava para deitarem juntos.

Em um ato de fúria e desespero, Zelândia apanhou, na gaveta da sala, um revólver que pertencia ao falecido marido e atirou. Matou os dois, que já estavam despidos em cima da cama.

O espírito de Geremias, ao deixar o corpo, ficou completamente desorientado. Aquilo que dizia atormentá-lo em vida, desprendeu-se. Era o espírito de uma criança que Dona Rosecleia tinha abortado, com sete meses de gestação, filho de um namorado quando ainda era solteira.

No plano espiritual, o espírito dessa criança ainda continuou incomodando o de Geremias - que ficava sem saber quem era ou de onde tinha vindo. Era um resgate.

Capítulo XVIII

Uma vida no Antigo Egito

Foi em uma civilização localizada ao longo do curso inferior do Rio Nilo, no Antigo Egito, que o espírito de Simão encarnou, no século XVI a.C., época do Império Novo. O faraó Tutmés III governava o império que iniciava na quarta catarata do Rio Nilo, até o Rio Eufrates. Sua corte ficava em Tebas e seu reinado notabilizou-se pela intensa atividade construtora e militar.

Foi considerado um dos faraós mais importantes do Egito, pois desenvolveu um grande sistema administrativo, e, com o dinheiro obtido pela extração de ouro, saques das guerras e tributos pagos pelo povo, realizou magníficas obras no seu império.

O príncipe Simão era filho de Horus, um nobre que governava uma pólis. Sua mãe, Kéfera, era parente próxima e protegida do faraó. Moravam em um belo e confortável palácio, localizado às margens do Rio Nilo: com oito quartos, um enorme salão de festas e demais dependências, todas ricamente decoradas.

Quando criança, sua distração preferida era fazer pequenos barcos de madeira e brincar no lago artificial que existia no jardim do palácio. Como era filho único, estava sempre junto de Aron, vizinho e filho de um conselheiro do império e grande amigo de seu pai. Brincavam e estudavam juntos diariamente.

Ao completar dez anos de idade, foi levado a Tebas por ordem do faraó. Sendo um príncipe, era educado em Tebas conforme os costumes egípcios. Quando atingiu a maioridade, voltou à terra natal, com o compromisso de garantir total lealdade ao faraó.

Possuíam escravos que cultivavam a terra no ciclo das enchentes, cozinhavam e mantinham os jardins e as demais dependências do palácio. A família possuía duas grandes embarcações, movidas a vela e remos, nas quais transportavam alimentos, especiarias e outras mercadorias para Tebas. Os vinte remadores de cada embarcação eram escravos, capturados em batalhas.

Uma das embarcações era comandada por Simão. Muito severo, escolhia os escravos mais fortes para mover os remos e, quando o vento estava muito fraco, esbravejava para que remassem com vigor. Quando observava um remador fazendo corpo mole, mandava açoitá-lo.

Ao completar dezoito anos, Simão estava preparado para casar: era adulto, tinha posses e pretendia constituir família. Sua pretendente, Danúbia, com quatorze anos, era filha de um nobre que governava outra pólis. Tinham aprovação paterna e as famílias já haviam negociado a união. No Antigo Egito não existia a palavra casamento. Assim, com troca de presentes, oficializaram o noivado.

Realizaram a união no palácio de Horus, pai de Simão. Após a cerimônia, fizeram a recepção no salão de festas, com muita música e um rico banquete oferecido aos trezentos ilustres convidados. Como de costume, o casal foi morar no palácio da família do noivo, que é aconselhado a amar e agradar sua esposa.

Danúbia teve dois filhos: Kanope, o primogênito, e Yunet, uma linda menina. Simão era um pai excessivamente protetor. As crianças eram sempre acompanhadas por vassalos e, se observasse que não eram bem vigiados, punia-os com rigor.

A religião era importante para eles e tudo associavam aos deuses, como céu, terra, água, vida e morte. Simão adorava diversos deuses que tomavam formas humanas, alguns com corpo humano e cabeça de animais. Muitos egípcios diziam que os animais tinham dons mágicos, porque voavam ao encontro do céu e mergulhavam em direção ao fundo do mar.

A crença na vida eterna, após a morte, era tão presente, que mumificavam o corpo e colocavam objetos no túmulo para receber o espírito de volta. Com essas crenças, Simão e Danúbia criaram seus filhos levando-os aos templos e ensinando o que entendiam a respeito dos deuses. Ao mesmo tempo que praticava espiritualidade, Simão era extremamente rude com vassalos e escravos do palácio.

Certo dia, Horus ficou gravemente enfermo e, no seu leito de morte, mandou chamar Simão e disse:

– Meu filho, com a minha partida, sei que meu espírito estará de volta um dia. Prepare com esmero meu funeral, mande mumificar meu corpo e colocar na tumba todos os meus pertences. Não esqueças do jarro com água e bastantes alimentos. Depois que você assumir meu posto de governador, cuide bem da nossa família e seja sempre leal ao faraó.

Com essas palavras ditas, deu seu último suspiro.

Os desejos de Horus foram todos atendidos. No dia do funeral, foi chamado um sumo sacerdote que proferiu algumas palavras e a esposa portava os pertences do falecido marido, para que colocassem junto ao corpo. Tinham construído, havia algum tempo, o túmulo da família, constituído por câmaras funerárias subterrâneas e sobrepostas, bem isoladas para proteger os corpos mumificados ali sepultados.

Ainda jovem, Simão se tornou governador da pólis e, com mais responsabilidade, ficou muito agressivo com seus subalternos. Só era gentil e amoroso com a mãe, esposa e filhos.

Tais atitudes chegaram aos ouvidos do sumo sacerdote, que levou a notícia ao faraó. Tendo sido educado em Tebas e prometido fidelidade ao faraó, visava a manter unidas as pólis do reino. Assim, o faraó não gostou da notícia e resolveu puni-lo.

O faraó precisava se livrar de Simão, mas, como sua mãe era parente próxima, procurou uma forma de dissimular e não parecer homicídio, pois simplesmente poderia mandar matá-lo.

Enviou uma mensagem a Simão, ordenando que trouxesse uma de suas embarcações para compor a esquadra do império, exigindo que fosse ele o comandante, em razão da grande experiência de navegar pelo Rio Nilo.

Assim, a armadilha estava pronta: a embarcação comandada por Simão foi interceptada por ladrões de mercadorias, que ficavam à espreita e atacavam quando avistavam uma embarcação solitária. O faraó sabia dessas investidas piratas, por isso pediu que trouxesse uma única embarcação para compor a esquadra do império.

Os mercadores roubaram a embarcação com todas as mercadorias, libertaram os escravos que, maltratados, não defenderam Simão. Ele lutou até a morte e seu corpo foi lançado nas águas do rio Nilo. Passados dois dias, o corpo foi encontrado por lavradores ribeirinhos, que o reconheceram e transportaram até seu palácio.

Foi sepultado no túmulo da família com as mesmas honras do pai, e seu filho, Kanope, que já tinha dezesseis anos, assumiu a governança da pólis. Diferente, era um governante pacífico e bondoso com seus serviçais.

Capítulo XIX

Lacínio em Roma

Em Roma, no século I d.C., vivia o Senador Fátuo, que era casado com Samilly. A família morava em uma ampla e bela casa, com jardim central, onde existia uma fonte natural com um fio de água jorrando. Amplas colunas exibiam uma enorme varanda.

O imperador era Nero, assistido por seu tutor, o filósofo e escritor Sêneca. Juntos realizavam um ótimo e próspero governo.

Nessa época nasceu Lacínio, o quarto filho do senador, pois com a esposa Samilly tinha duas filhas e um filho mais novo que havia morrido quando tinha dois anos de idade. Lacínio foi muito esperado para substituir na família a alma do irmão falecido.

Com a chegada de Lacínio, a vida da família voltou a ser alegre. As irmãs ajudavam a cuidar dele e Samilly, sua mãe, estava sempre atenta para evitar acidentes com a criança. O filho que faleceu havia caído da escada principal da casa, por descuido de uma serviçal.

Era uma criança muito alegre e que gostava muito das histórias contadas por suas irmãs, que inventavam passagens para fazê-lo rir. Como era gorducho, elas sempre remetiam a fazer piadas de pessoas obesas.

Quando Lacínio completou cinco anos de idade, uma tia, que ficou viúva, foi convidada para morar com eles. A tia tinha um único menino, também com cinco anos, que se chamava Davi.

Os dois meninos se tornaram amigos inseparáveis, sendo difícil não vê-los brincando e fazendo travessuras juntos. Quando foram para a escola, estudavam e faziam a lição no mesmo ambiente da casa, disputando quem acabaria primeiro.

Quando completaram dezoito anos, Davi, que gostava de brincar com espadas, alistou-se no exército do império, e Lacínio, que tinha outros gostos, tornou escriba, indo trabalhar, a mando do tutor Sêneca, no palácio do império para redigir cartas e normas ao povo de Roma. Os escribas tinham um grande destaque na sociedade.

Assim, os dois amigos inseparáveis estavam distantes um do outro, físicamente e profissionalmente.

A distância tornou-se ainda maior com a notícia da morte de Davi, em um combate. A tristeza novamente tomou conta daquela família e a mãe, tia de Lacínio, inconformada, perdeu completamente a razão e cometeu suicídio.

O casamento entre as classes mais nobres servia para selar aliança econômica ou política. Tinha objetivo de gerar filhos legítimos para herdar propriedades e títulos de nobreza.

Lacínio tinha conhecido Zoraida, também filha de senador romano. Era uma bela moça de cabelos pretos e cacheados, olhos claros e pele alva. Logo ficaram noivos.

Reunidas as duas famílias, houve trocas de presentes e o noivo ofereceu um anel de ouro, colocado no dedo anelar da mão esquerda, pois acreditavam que esse dedo tinha ligação com o coração. Assinaram o contrato nupcial estabelecendo os dotes e ofereceram um lauto jantar para os familiares.

Na véspera da cerimônia, a casa da noiva era totalmente enfeitada com flores e ramos de árvores. Cumpridos os rituais do casamento, foi oferecido um banquete aos convidados que se estendeu até o amanhecer, quando organizaram um cortejo para levar a noiva até a casa do marido.

Lacínio e Zoraida foram pais de um casal: Júlia, a mais velha, e Marcus, um menino forte e muito parecido com o pai. Os dois irmãos até pareciam gêmeos, de tanta amizade e cumplicidade. As duas crianças tinham almas de artistas, pois a brincadeira preferida dos dois era fazer teatro e cantar.

Quando Sêneca deixou de ser tutor de Nero, Roma estremeceu com as barbáries cometidas pelo imperador. Ele havia enlouquecido após o incêndio que destruiu grande parte da cidade.

Nero se achava um grande artista e, enquanto Roma ardia em chamas, cantava e tocava lira assistindo ao incêndio por uma janela do palácio. Culpando os cristãos, começou a persegui-los. Mandou matar os apóstolos Pedro e Paulo e com eles, muitos cristãos. Também perseguiu e matou alguns senadores, depois de ter matado a mãe e a esposa.

Uma das vítimas foi o Senador Fátuo, que, não concordando com as atrocidades cometidas pelo imperador, estava organizando uma conspiração para matá-lo. Ao saber do ocorrido, Samilly mandou Lacínio, sua esposa Zoraida e os filhos Júlia e Marcus fugirem. Ficou aguardando a sentença de morte em casa, mas com a consciência tranquila por ter salvado a vida do filho, nora e netos.

A família conseguiu fugir para uma casa abandonada, que havia pertencido aos tios de Lacínio. Ficava distante, em uma zona rural, onde viviam colonos que tiravam da terra seu sustento. Foi lá, realizando o mesmo trabalho na terra, que conseguiram escapar da fúria do imperador.

Júlia e Marcus cresceram ajudando seus pais, mas não tinham abandonado o sonho de se tornarem artistas. Em um entardecer de primavera, eis que surgem na comunidade duas grandes carroças de mambembes, com um grupo teatral volante. Iam se apresentar no dia seguinte e estavam montando a tenda com o palco. Júlia e Marcus, logo que souberam, largaram as enxadas e foram acompanhar a montagem.

O Senhor Marlone, responsável pelo grupo, era um homem alto, gordo e de pele escura do sol. Tinha um sorriso que cativava as pessoas ao seu redor. Ao vê-los tão interessados na montagem, perguntou o motivo de tanta curiosidade e a resposta veio rápido:

– Nós gostaríamos de ser artistas, representar e cantar.

Foram convidados pelo senhor Marlone para mostrar ao grupo mambembe suas aptidões. Não se acanharam e, como tinham ensaiado uma pequena peça teatral durante as brincadeiras, apresentaram-se muito bem. Ao final, foram ovacionados e muito aplaudidos. Foi o suficiente para serem convidados a participar do grupo.

Seus pais, ao observarem o brilho nos olhos dos filhos, conversaram longamente com o Sr. Marlone e permitiram que participassem e viajassem com o grupo. Assim foram mundo afora, fazendo aquilo que sua alma pedia. Formaram família, sempre acompanhando o grupo que crescia até surgir o Circo Marlone.

O casal Lucínio e Zoraida ficou na pequena comunidade; tinham sonhos e visões belíssimas com os filhos, o que aquietava suas almas. Desencarnaram em paz, na velhice.

Capítulo XX

Três vidas e um veleiro

No século XX, na cidade argentina de Puerto Madrin, capital do departamento de Biedma e centro turístico mais importante da Patagônia argentina, Juan Fernando e Ana Eugênia se encontraram e programaram uma vida em comum diferente.

Ainda namorados, haviam construído um veleiro de 30 pés, com madeiras de cedro e cavernas de madeira de lei. Moitões, cunhos, retranca e mastro, tudo feito em madeira. As velas, de lona leve, foram cortadas e costuradas em casa. Uma quilha fixa de chumbo servia também como lastro da embarcação.

A data do casamento estava condicionada ao término da construção, porque decidiram fazer do barco sua residência. Já tinham escolhido o nome do veleiro: Vendaval. Quando pronto, com todos os equipamentos necessários para viagens oceânicas, marcaram o casamento. Muitos convidados e curiosos participaram da cerimônia que foi realizada ao lado do barco, à beira do cais.

Após os comes e bebes, partiram em lua de mel. Com vento de través, chegaram em pouco tempo a Bahia Blanca, na Argentina, que fica a 650 km de Buenos Aires. Recebeu esse nome pela brancura dos salitres costeiros. Atracaram o veleiro no píer e foram passear pela cidade. Depois, jantaram em um restaurante típico e foram dormir no barco.

Ficaram quatro dias atracados, esperando as condições meteorológicas ideais para navegação, pois não tinham compromisso com dia e hora. Eram bem abonados financeiramente, seus pais tinham posses e, para atender o sonho dos filhos, venderam parte da propriedade e disponibilizaram dinheiro suficiente para a aventura do casal.

A próxima parada foi em Punta del Este, no Uruguai. Lá, ainda verão, com dias ensolarados e secos, permaneceram da antevéspera de Natal até meados de janeiro. A cidade oferecia muita diversão para os jovens recém-casados.

Após uma velejada muito rápida, chegaram à capital da Argentina, Buenos Aires. Como já conheciam bastante a cidade, abasteceram o veleiro e partiram em direção à cidade de Rio Grande, no Brasil.

Durante esse trajeto, quando estavam no meio do caminho, enfrentaram uma forte tempestade. Era a oportunidade de provar a resistência do veleiro e descobrir se fazia jus ao nome de batismo, Vendaval. Passada a tormenta, o saldo foi um pequeno rasgo na vela genoa, que eles mesmos consertaram em alto-mar. O veleiro passou bravamente pela prova de fogo.

Cansados, chegaram a Rio Grande, cidade mais antiga do Rio Grande do Sul, que abriga a praia do Cassino. Lá permaneceram mais de mês, onde aproveitaram o estaleiro de um amigo para retirar o Vendaval da água e fazer uma revisão necessária, depois de ter enfrentado a tempestade.

Foi em Rio Grande que Ana Eugênia descobriu que estava grávida. Felizes, foram a um restaurante e festejaram o acontecimento, junto com o amigo Rodrigues, dono do estaleiro.

Com uma sensibilidade muito grande, ela tinha sempre em sonhos a visão de que seu filho nasceria com alguma deformidade, mas não sabia como explicar. Sempre que tinha esse sonho, o casal passava horas conversando a respeito, mas não entendiam as mensagens espirituais.

Deixaram Rio Grande e foram direto até a cidade de Laguna, ao sul de Santa Catarina, terra de Anita Garibaldi e que tem a pesca e turismo como principais atividades econômicas.

Com frequentes enjoos devido à gravidez, o casal de viajantes dos mares teve de permanecer na cidade por muito tempo. Lá ficaram sabendo da existência de Velha Maroca, como assim era conhecida uma vidente que fazia rezas e benzia os habitantes da cidade.

Com o endereço em mãos, foram procurá-la. Em uma rua estreita e esburacada, avistaram uma pequena casa de madeira, muito velha, com algumas telhas do beiral caídas.

Bateram na porta e logo surgiu uma senhora de baixa estatura, cabelos brancos e rosto enrugado pela idade avançada. Perguntou o que queriam e os recebeu com uma gentileza e sorriso nos lábios.

Convidou-os para entrar. A casa tinha um só cômodo, com uma cama encostada à parede do lado, ao centro uma mesa rústica coberta com uma toalha branca e, nos fundos, um fogão a lenha e panelas penduradas, mas brilhando de tão limpas. Assim, sentaram-se ao redor da mesa e contaram os sonhos de Ana Eugênia para Dona Maroca.

Ela ouviu com atenção, apesar da surdez que já se fazia presente; levou a mão direita na testa e balbuciou algumas palavras que lembravam uma oração. Com uma expressão facial diferente e voz mais grossa, disse:

– Minha fia, tu tens que conformá, teu fio vem cumpri um resgate da tua famia. Cuida dele com muito amô.

Com essas palavras ditas, sua expressão voltou ao normal e disse que podiam ir embora. O casal, muito agradecido, queria pagar a Dona Maroca antes de sair. A velha senhora, contudo, não aceitou receber nada e explicou que tinha um dom divino, diferente de uma mercadoria que se pode comprar.

Como continuavam as indisposições de Ana Eugênia, o casal decidiu ficar com seu veleiro em Laguna, na esperança de a gravidez seguir sem maiores problemas. Ficaram por todo o outono, inverno e, nos meados da primavera, sentiu as primeiras contrações e, em seguida, a ruptura da bolsa. Levada ao hospital, deu à luz uma menina com síndrome de Down. Ela era forte, com peso e tamanho normal.

Ao serem informados da patologia, os pais se abraçaram e, lembrando-se das palavras proferidas por Dona Maroca, disseram que iriam cuidá-la com muito amor. Quando completou dois meses de vida, Esperanza passou a fazer parte do projeto de vida dos pais: iria morar em um veleiro e navegar pelos mares.

Assim passaram por várias cidades do litoral do Brasil, subindo até atracarem o veleiro na Baía de Guanabara - no Rio de Janeiro. Aproveitaram a estada no Rio para levar Esperanza ao médico e fazer todos os exames. Na consulta, o médico explicou que deveriam tratar a menina como se nada tivesse. Ele disse aos pais:

– Vida normal e bastante estímulo, aproveitando e apreciando a natureza por onde passarem com a sua morada flutuante.

Foi gratificante para os pais de Esperanza ouvir essas palavras de um profissional. Estavam mais seguros em prosseguir singrando os mares. Muito alegre e risonha, Esperanza se divertia observando golfinhos nadando ao lado do barco.

Juan Fernando e Ana Eugênia não mediam esforços para estimular ao máximo o intelecto da filha. Esperanza respondia aos estímulos, com a inteligência que possuía. Durante dez anos a família navegou pelo litoral brasileiro, alternando por longos períodos atracados em algumas cidades.

Esperanza tinha completado quatorze anos de vida saudável, tendo como remédio o carinho dos pais e a liberdade da vida nômade; como estrada da vida, tinha o mar. Para comemorar o aniversário de quinze anos da filha, a família, que estava no litoral paulista, planejou fazer a festa junto dos avós paternos e maternos, em Puerto Madrin, na Argentina.

Quando navegavam à noite pelo litoral gaúcho, devido ao nevoeiro intenso, um grave acidente aconteceu. Um rebocador tinha saído de Rio Grande e estava indo em direção a Paranaguá, no Paraná. Devido à precária visibilidade, abalroou o veleiro Vendaval, atingindo o local exato onde estava deitado o casal.

Foi uma enorme tragédia, os marinheiros do rebocador saíram para atender à ocorrência e resgatar a tripulação do barco. Só Esperanza estava viva, Juan

Fernando e Ana Eugênia tiveram morte instantânea. Antes de o veleiro afundar, recolheram os corpos mutilados do casal e cuidaram de Esperanza, que, assustada, chorava muito e perguntava pelos pais.

Com o ocorrido, o rebocador retornou ao porto de Rio Grande, comunicou a família das vítimas, que imediatamente foram liberar os corpos dos filhos e buscar Esperanza.

Os espíritos de Juan Fernando e Ana Eugênia permaneceram um tempo como se estivessem levitando, observando o atendimento da filha que muito amavam. Depois, subiram e foram recebidos na espiritualidade, sendo conduzidos ao hospital para tratar do desencarne traumático.

Capítulo XXI

Joel, o mestre

Joel nasceu em meados do século XX, em uma cidade litorânea ao sul do Brasil. A vida na cidade era muito tranquila, onde poucos automóveis circulavam pelas ruas de mão dupla e calçamentos de paralelepípedos. Nos bairros mais afastados do centro urbano, as ruas nem calçadas eram ainda e, quando chovia, as pessoas usavam galochas, que eram como capas de borracha para proteger os sapatos.

Não havia um avanço tecnológico como nos dias atuais, então a vida corria devagar. Sem televisão e com poucas residências possuindo telefone, era muito comum as famílias visitarem umas às outras com mais frequência. Passavam horas conversando na sala de estar.

Noticiários e novelas, só através do rádio, jornais e revistas. Correspondências por carta, quando mais urgentes, utilizavam os telegramas. A locomoção, quando necessária, era percorrida de ônibus urbano, carrinhos de cavalo de aluguel e, aos mais abonados, de táxi ou com seu próprio automóvel.

As maiores escolas estavam localizadas no centro urbano. Duas particulares de confissão religiosa e uma pública. Existiam outras escolas menores, públicas e particulares. Uma característica importante da época era a qualidade da educação, muito semelhante entre todas as escolas; não havia discrepâncias entre públicas e particulares. A profissão de professor era valorizada, tanto social como financeiramente e os alunos admiravam e respeitavam os seus mestres.

Havia uma escola particular de ensino primário, pequena, só de meninos, e localizada bem no centro urbano. Tinha uma professora, também proprietária, e era frequentada por algumas crianças da elite local. A escola ficava na sala da casa da professora Matilde. As carteiras eram compridas e cabiam quatro alunos em cada uma. Duas filas de cinco carteiras cada uma permitiam atender quarenta alunos no total.

No período matutino, na fila da direita, sentavam os alunos da terceira série e, na da esquerda, os da quarta série. A professora atendia, ao mesmo tempo, duas séries. No período vespertino, na mesma disposição, a primeira e segunda série. Durante as férias escolares, a professora escrevia um caderno com conteúdo didático de história e geografia para cada um dos alunos e o entregava no primeiro dia de aula.

A disciplina era mantida com castigo físico, especificamente com uma boa reguada nos dedos. Às vezes, também acontecia uma levantada pelas bochechas dos alunos mais rebeldes, que rapidamente acalmava os ânimos. Os alunos nem contavam em casa do ocorrido; pois se o fizessem, apanhariam dos pais e ficariam de castigo, pelo mau comportamento na escola.

Ao sair do primário para o antigo ginásio, os alunos tinham que prestar exame de admissão. Se não obtivessem sucesso, tinham que cursar um ano de pré-ginasial. Havia poucas opções no centro urbano para cursar o ginasial: no ensino público, o Instituto de Educação e, nos de confissão religiosa, um de freiras para moças e um de padres para atender os rapazes.

Nada mudava em relação à rigidez disciplinar. Alguns colégios adotavam, inclusive, uma outra punição, que denominavam prisão. Nada mais era do que ficar no colégio, sábado à tarde, copiando duzentas ou trezentas vezes frases repetidas do tipo: "Devo ter comportamento exemplar em sala de aula" ou "Devo fazer os deveres de casa todos os dias".

Nessa mesma época, concluído o ginasial, a continuidade dos estudos era optativa e os alunos podiam escolher entre as modalidades científico, clássico, magistério e contabilidade. O ensino superior era apenas público federal, com ingresso mediante vestibular e com número reduzido de cursos oferecidos.

Joel, em vida anterior, foi um médico. Formado na França, foi para o Brasil praticar a profissão. Na época, viajou por várias localidades e atendeu gratuitamente os mais humildes e necessitados.

Na vida agora relatada, foi uma das crianças que estudou na escola da professora Matilde. Também cursou o ginasial no colégio de padres e o científico no colégio público.

Preparou-se para o vestibular e ingressou no ensino superior, na área de Ciências da Saúde. Quando ainda estava cursando o primeiro ano da faculdade, Joel foi convidado para assumir, em substituição, a disciplina de Ciências Físicas e Biológicas, em uma escola particular. Era na 8ª série do curso noturno – antigo 1º Grau –, atualmente equivalente à 8ª série do ensino fundamental.

Joel se apresentou à direção da escola, um tanto quanto receoso, pois, além de substituir um excelente professor, era sua primeira experiência no magistério. Ao bater o sinal para iniciar as aulas, o coração de Joel também bateu forte. Puxou a respiração e pensou: a sorte está lançada. Os alunos, em sala de aula, aguardavam o professor substituto, também muito ansiosos.

Às 19 horas em ponto, Joel entrou na sala, olhou alguns segundos para todos os alunos e disse:

– Bom dia, pessoal.

Foi um bom-dia sonoro à noite. Os alunos riram, pensando: o cara é doido! Joel repetiu com maior sonoridade:

– Bom dia, pessoal.

Todos responderam:

– Boa noite, professor.

Quebrado o gelo do momento, com a brincadeira, aquela ansiedade mútua se dissipou. Joel, então, aproveitou para se apresentar e perguntou para uma aluna sentada bem na frente:

– Jovem. Meu nome é Joel. Qual o seu nome?

– Sou Rita de Cássia, professor.

– Podes me dizer em que assunto o professor Eustáquio parou?

– Professor, ele ia iniciar o estudo do Aparelho Circulatório.

– Obrigado. Vamos pegar o caderno, prestar atenção nas explicações e fazer as devidas anotações.

Assim Joel ministrou sua primeira aula e, pela fisionomia dos alunos, percebeu que estavam aprendendo. Fizeram algumas perguntas e o agora professor, com presteza, respondeu. Ao terminar a aula, antes de sair da sala, vários alunos o rodearam e teceram muitos elogios. Foi o ponto de partida que precisava para optar pela carreira de professor.

Tudo isso aconteceu em meados do mês de setembro, e, acolhido também pela diretoria do colégio, ficou lecionando até o final do ano, quando foi contratado como professor efetivo para o ano seguinte.

Foi assim, ao acaso, que começou uma carreira que perdurou por meio século, até chegar à aposentadoria. O motivo era que sua alma já viera predestinada a ensinar pessoas e, assim, ajudar na formação de diferentes profissões.

Capítulo XXII

Gilbran, o artista

A vida anterior de Gilbran foi encerrada no século II d.C., na arena de gladiadores de Roma. Enquanto esperava as lutas, depois de se exercitar, passava horas moldando figuras de barro. Tinha alma de artista e era gladiador porque fora escravizado, durante uma incursão do exército romano a sua cidade natal.

A próxima encarnação de Gilbran se deu em Nápoles, na Itália, no século XVIII. Gilbran nasceu no seio de uma família de classe média. Seus pais eram proprietários de uma padaria, localizada na área portuária, onde também residiam. Não tinha irmãos e, quando criança, passava horas do dia no quintal, desenhando ou moldando figuras com a massa de pão, que pegava escondido dos seus pais.

Quando foi para a escola, estava sempre desatento aos ensinamentos dos professores, com exceção das aulas de desenho e trabalhos manuais. Seus pais eram, continuamente, chamados à escola, mas pouco adiantava. Gilbran repetiu vários anos e só concluiu o ensino primário com quinze anos de idade. Como não quis continuar os estudos, foi trabalhar na padaria entregando pão na casa dos fregueses duas vezes ao dia.

Ao completar dezoito anos, tinha iniciado a Primeira Grande Guerra Mundial. Uma guerra global, centrada na Europa, que começou em 28 de julho de 1914 e durou até 11 de novembro de 1918. Conflito que envolveu as grandes potências de todo o mundo, organizadas em duas alianças opostas. Gilbran tinha acabado de se alistar no exército italiano e como era alto e muito forte, foi destacado para servir as tropas de elite que estavam aquarteladas em Roma.

Certa noite foi, com outros soldados, assistir a uma peça teatral. Na fila da bilheteria, bem a sua frente, estava uma linda moça. Quando ela abriu a bolsa para pegar o dinheiro, deixou cair duas notas, que o vento começou a levar. Gilbran deixou a fila e foi correndo atrás das notas para ajudar a moça. Ao retornar, um tanto quanto cansado, a moça lhe falou:

– Muito obrigada. Graças a você vou poder assistir à peça.

– De nada. Posso saber seu nome?

– Diana.

– Estás sozinha ou acompanhada?

– Sozinha. Meus pais vieram me trazer e virão me buscar.

– Posso lhe fazer companhia?

– Pode sim.

Entraram no teatro, Gilbran comprou balas e foram sentar na segunda fila. Antes de iniciar a apresentação, conversaram bastante e trocaram endereços. Quando terminou a peça teatral, Diana saiu sozinha e foi para casa com seus pais.

Gilbran voltou para o alojamento, acompanhado dos seus colegas de farda. Falava, o tempo todo, da doçura da moça, da sua beleza e inteligência.

Em uma tarde de domingo, Gilbran, de folga no quartel, resolveu visitá-la. Primeiro, passou defronte a casa e logo ficou surpreso: ela morava em um sobrado onde, no piso inferior, existia uma galeria de arte. Depois de certo tempo, tocou a campainha. Veio atender um italiano magro, alto e de cabelos grisalhos, com cara de poucos amigos. Perguntou ao Gilbran:

– Você deseja alguma coisa?

– Sim, gostaria de falar com Diana.

– Quem é você?

– Sou Gilbran, conheci Diana no teatro.

– Aguarde, que vou chamá-la.

Demorou um pouco, e Gilbran ficou preocupado; mas eis que aparece Diana, linda e deslumbrante. Como era domingo, a Galeria Vivaldi estava fechada, então se sentaram à beira da calçada. Com alma de artista, a primeira coisa que Gilbran perguntou:

– Quem é o dono desta galeria?

– É do meu pai, Vitorino. Ele é um marchand. Compra e vende obras de arte.

– Sabes, eu tenho verdadeira paixão por pinturas e esculturas.

– Então deves visitar a galeria durante a semana.

– Quando conseguir uma folga, eu venho, sem dúvida.

A conversa foi longe, até anoitecer. Diana disse que precisava se recolher, porque era professora de crianças e tinha que dar aulas de manhã cedo.

Não foi possível a visita à galeria.

Como a guerra envolveu ainda mais a Itália, Gilbran foi convocado para combater. Escreveu para Diana e disse que voltaria e, também, que pediria para namorá-la. Ela respondeu dizendo que iria esperar.

As batalhas foram violentas e as notícias chegavam a Roma informando um número muito grande de mortos e feridos. Diana, sempre que lia jornais, ficava apreensiva.

Passados seis meses, novamente toca a campainha na casa de Vitorino. Dessa vez foi Diana que veio atender: era um mensageiro do exército trazendo uma carta e que aguardaria a resposta. Ela abriu a carta e, nela, Gilbran pedia para que ela fosse visitá-lo no hospital do exército. Respondeu prontamente que sim, e informou que iria no próximo final de semana.

Diana, que também era filha única, pediu, no domingo, para seu pai acompanhá-la até o hospital do exército. Ela já havia comentado com sua família a respeito das intenções de Gilbran e seu interesse por quadros e esculturas.

Vitorino acompanhou a filha até o hospital. Gilbran, bem recuperado dos ferimentos sofridos na batalha, aguardava a visita de Diana. Quando ela entrou no quarto do hospital, acompanhada de seu pai, Gilbran ficou nervoso, sem saber o que dizer. Então, Vitorino quebrou o gelo e falou:

– Meu rapaz. Não fiques nervoso, Diana já falou das suas intenções. Podes falar.

– Senhor Vitorino, quero pedir, respeitosamente, para namorar sua filha.

– Tens minha concordância, mas o namoro é em casa e na sala de visitas.

Quando totalmente recuperado e com suas obrigações militares cumpridas, Gilbran conseguiu emprego em uma padaria. Visitava Diana quatro vezes por semana e ficou íntimo da família. Gostava de conversar com Vitorino, que lhe ensinava como avaliar obras de arte.

Com dois anos de namoro, noivaram e marcaram o casamento. Logo após o noivado, Vitorino convidou o futuro genro para trabalhar na galeria de arte de sua propriedade. Em pouco tempo, Gilbran tornou-se gerente da Galeria Vivaldi e, com sua sensibilidade artística, fez aumentar os lucros da empresa.

A vida em Roma e o combate mudaram totalmente a vida de Gilbran. Aquele rapaz, que não queria estudar, agora estava concluindo um curso de contabilidade. Era graças à Diana, que considerava ser sua alma gêmea, e ao acolhimento da família de Vitorino.

Foi preciso antecipar a data do casamento, pois Dona Marietta, mãe de Diana, estava muito doente e os médicos haviam informado à família que sua condição era grave. Gilbran convidou seus pais para o casamento e os recomendou que deixassem a padaria, em Nápoles, por uma semana, aos cuidados de seu tio - irmão de sua mãe. Assim fizeram e chegaram na véspera do casamento, hospedando-se na casa de Vitorino.

A igreja, próxima da Galeria Vivaldi, foi cuidadosamente decorada por Diana e sua prima Stela, com muitas flores coloridas e laços de fitas brancas. O vestido de noiva foi confeccionado no ateliê da tia Carmenzita, irmã de Dona

Marietta.

No dia do casamento, Gilbran entrou na igreja com sua mãe e ficou aguardando a noiva no altar. Ao som da marcha nupcial, Diana, deslumbrante, entrou de braços dados com seu pai. Estava radiante pelo casamento, mas triste porque sua mãe tinha piorado e não pôde comparecer à cerimônia. A recepção dos convidados foi no salão paroquial, com um simples coquetel regado a vinhos e refrigerantes. O pós-guerra havia causado uma recessão no país, tornando os alimentos escassos muito mais caros.

A enfermidade de Marietta e as dificuldades do pós-guerra impediram Gilbran e Diana de viajar em lua de mel. A falência múltipla dos órgãos ocasionou, uma semana após o casamento, a morte de Dona Marietta. Vitorino, com o falecimento da esposa, ficou depressivo e pediu para a filha e o genro morarem com ele, no sobrado, e cuidarem da galeria de arte.

Dois anos se passaram, quando nasceu Marcelita, filha de Gilbran e Diana. O nascimento foi muito importante para levantar o astral do avô, que dizia ter chegado, novamente, a luz para iluminar sua vida. O casal ainda teve mais dois meninos, nos anos seguintes.

Certa manhã, Gilbran, ao abrir a galeria, percebeu que dois homens de meia idade esperavam por ele. Entraram juntos e começaram a olhar com detalhes os quadros e as esculturas. Perguntavam o preço de tudo, dizendo serem de Florença, onde pretendiam abrir uma galeria.

Gilbran ficou desconfiado, pois, diziam pretender entrar no negócio, mas demonstravam total falta de conhecimento. Quando estava de costas, Gilbran foi rendido pelos dois homens. Colocaram uma faca em seu pescoço, dizendo para que ficasse quieto, enquanto colocavam em uma mala os quadros mais valiosos.

Com o treinamento que teve no exército, decidiu proteger uma das coisas que mais amava, além da esposa e filhos: os objetos de arte. Entrou em luta corporal com os dois assaltantes, que foi muito sangrenta. Os ladrões fugiram, muito feridos, mas sem levar nada. Gilbran teve um grave ferimento nas costas.

Com o barulho ocasionado pela luta corporal, Diana e Vitorino desceram para ver o que estava acontecendo. Encontraram Gilbran caído, muito ensanguentado, dizendo:

– Salvei meus amores – e em seguida desmaiou.

Levado ao hospital, de ambulância, foi imediatamente internado na unidade de terapia intensiva. Diana ficou desesperada, perguntando insistentemente aos médicos sobre o estado de saúde do marido. Ficou a noite inteira acordada, na sala de espera do hospital. Vitorino ficou em casa cuidando dos netos.

Ao amanhecer, Dr. Hamilton, médico plantonista, chamou Diana, dizendo que Gilbran tinha saído do coma e que queria falar com ela. Foi correndo, vestiu o avental apropriado e entrou na UTI. Gilbran pediu que se aproximasse e, com voz muito fraca, murmurou:

– Minha amada, fui inconsequente ao reagir, mas defendi meu outro amor, a arte.

– Não gaste sua energia, meu amor. Procure descansar.

– Estou me despedindo. Perdoe-me e cuide bem dos nossos filhos.

Assim Gilbran se despediu e morreu ferido como em uma batalha de guerra, mas, desta vez, ela havia defendido o sonho de sua alma.

Capítulo XXIII

Thomazio, o navegador

Em Gênova, na Itália, no início do século XX, nasceu Thomazio. Era filho de um engenheiro naval conhecido como Comandante Felippello, proprietário de um estaleiro de médio porte localizado às margens do Mar de Ligúria.

O estaleiro ficava em um enorme galpão de alvenaria, onde construíam embarcações de pesca e lazer, com um grande terreno na frente que servia de estacionamento. Ao lado ficava a residência da família: uma casa confortável, com seis quartos e três banheiros, pois era costume hospedar os parentes, que vinham de Milão e Veneza.

Em vida passada, Thomazio nasceu em Portugal, no final do século XV. Era período das grandes navegações e descobertas. Seu pai era proprietário de uma pequena serraria, localizada nos arredores de Lisboa, onde moravam.

Desde muito jovem, acompanhava seu pai até um estaleiro no cais do porto para entregar a madeira usada na fabricação de naus. Ficava horas observando os operários trabalharem e, quando permitiam, entrava nas embarcações e brincava, fazendo que era o comandante. Sua alma, com certeza, tinha forte ligação com o mar.

Atingindo a maioridade, alistou-se na marinha real. Tinha esperança de viajar pelos mares e conhecer os locais dos novos descobrimentos. Antes da primeira viagem a bordo de uma caravela, entretanto, quando estava com tudo pronto para embarcar, foi acometido de uma enfermidade desconhecida, que o levou à morte em quinze dias. Sua alma ficou sem realizar o sonho de navegar.

Reencarnado em Gênova, Thomazio, ainda criança, estava sempre dentro do estaleiro da família. Era muito curioso e sempre cravava os operários de perguntas. Já demonstrava o que pretendia fazer no futuro. Quando seu pai ia testar uma nova embarcação, lá estava ele, prestando atenção em tudo que o comandante fazia.

Em casa, desenhava barcos e mostrava para seus colegas na escola. Bom aluno, gostava de matemática, geografia e ficava horas estudando mapas e planejamento viagens em sua imaginação.

Assim, aos dezoito anos, entrou na universidade para cursar engenharia. Quando formado, fez especialização em Engenharia Naval, seguindo a profissão do pai.

Tinha na alma o sonho de construir seu próprio barco e aventurar-se pelos mares para visitar vários continentes e conhecer diferentes culturas. Estava sempre à procura de um parceiro para o acompanhar nesse projeto de vida. Conversou com seu pai, o Comandante Felippello, a respeito do projeto de construírem uma embarcação capaz de singrar os mares, carregando o nome do estaleiro da família. Depois de muitos estudos, pai e filho tinham rascunhado a planta de um bonito veleiro, mas com prioridade às medidas de segurança, por ocasião das tempestades que podiam enfrentar.

Independente de ter a tripulação formada, detalharam a planta da embarcação e iniciaram a construção. Comandante Felippello e Thomazio conferiam todos os passos e detalhes do trabalho realizado. Era um veleiro de 40 pés, todo em madeira de lei, com dois mastros e três jogos de velas, cuidadosamente confeccionadas com lona marítima. Um bote salva-vidas para quatro tripulantes, com kits de sobrevivência para trinta dias. O motor de centro era indispensável para momentos de calmaria e atracação.

Foram dois anos de trabalho intenso, que deu tempo para Thomazio se apaixonar por Patrizia, uma jovem morena, alta, com cabelos lisos e olhos azuis da cor do mar. Tinha uma irmã gêmea, Petra, casada com Florenti, um geógrafo especialista em meteorologia.

Depois de vários encontros dos casais, todos ficaram interessados pelo projeto, que foi chamado "Viagem sem Destino". Então, Thomazio e o pai iniciaram um treinamento de procedimentos náuticos, com Patrizia, Petra e Florenti. Para melhorar a performance da tripulação, um amigo médico passou conhecimentos básicos de primeiros socorros.

Nesse meio tempo, Thomazio e Patrizia marcaram o casamento. Escolheram a data exatamente uma semana antes de colocarem o veleiro no mar. Ainda não tinham escolhido o nome do barco, quando Comandante Felippello chegou e disse:

– Meus filhos, em homenagem a minha falecida esposa, sugiro o nome: Mi Manchi (Saudade de Você).

A aprovação foi unânime e Thomazio, emocionado, chorou.

O veleiro, pintado de vermelho, branco e verde - cores da Itália - agora estampava o nome Mi Manchi, bem grande nas bordas.

No dia do casamento, Thomazio entrou na igreja de braço com a mãe de Patrizia. Ele, todo de branco, lembrava um oficial graduado da marinha. Quando Patrizia entrou na igreja de braço com seu pai, foi um "Ohhh" geral. Vestida de grife da mais alta costura italiana, aliada à sua beleza, estava, simplesmente, divina. Após a cerimônia, fizeram uma recepção no salão do Iate Clube de Gênova, com um buffet para trezentos e cinquenta convidados. Um grupo musical típico italiano animou a festa.

Como o tempo era curto entre o casamento e o batismo do Mi Manchi, ficaram em Gênova concluindo os preparativos da Viagem sem Destino. Comandante Felippello reuniu a tripulação e combinou fazer uma semana de testes, velejando no Mar de Ligúria. Iria acompanhá-los para fazer os ajustes necessários, verificando o lastro, navegação em contravento e equipamentos de segurança.

No dia de colocar o Mi Manchi na água, o céu estava de brigadeiro, o mar de almirante e o vento, um sueste fraco - ideal para experimentar a embarcação. Muitas pessoas foram assistir ao batismo do veleiro. Com cinco garrafas de espumantes, uma para o Comandante Felippello e as outras para os quatro tripulantes, ao som do Hino Nacional italiano, abriram as garrafas e derramaram na proa do barco. Assim, estava batizado o Mi Manchi.

Tripulação a bordo, velas içadas e, com suavidade, o veleiro entrou no contravento. Primeiro destino: Viareggio. Às 13 horas em ponto, Petra estava servindo o almoço a bordo, com o seguinte cardápio: risoto de camarão com requeijão, batata palha e salada mista.

Atracaram em Viareggio no final da tarde de domingo. Era verão, muitas pessoas passeavam na orla marítima: uns tomavam sorvete, outros estavam sentados nos bancos da praça e muitos ainda na praia. A tripulação, após todos os procedimentos de ancoragem, também saiu a passeio. À noite, foram jantar em uma pizzaria que ficava próxima à marina onde estava o Mi Manchi. Após o jantar retornaram ao barco e foram dormir, encerrando o primeiro dia da tripulação.

No dia seguinte, o Comandante Felippello passou o comando da embarcação para Thomazio, dizendo:

– Meu filho. Agora você é o comandante! Coloque em prática todo seu aprendizado, mas antes de iniciar a Viagem sem Destino, continuem testando o Mi Manchi por mais trinta dias.

Dessa maneira, Thomazio assumiu a responsabilidade de comandar a embarcação, retornando a Gênova.

Velejavam todos os dias e faziam ajustes.

Em uma tarde, um vento muito forte partiu um estaiamento do mastro principal. O susto foi grande, o mastro partiu e atingiu Petra no braço direito, ocasionando uma fissura no osso úmero. Com isso, o projeto de viagem teve de ser adiado. O braço de Petra foi engessado e precisou de quarenta e cinco dias para total restabelecimento. O Mi Manchi foi levado ao estaleiro para consertar o mastro principal e reforçar todo o estaiamento.

Thomazio, ao mesmo tempo, ficou decepcionado e, sua alma, apreensiva. Estava em dúvida se o que ocorreu era um aviso para não colocar a vida das pessoas em risco ou um simples acontecimento do acaso. Preferiu não externar sua preocupação e esperar mais um tempo.

O tempo foi passando e Petra ainda não estava recuperada, pois sentia dores e dificuldade de mover o braço direito. O veleiro ficou pronto e Thomazio e Patrizia navegaram diversas vezes pelos arredores de Gênova. Em um desses passeios, foram até Bongliasco, onde pernoitaram. Ao retornar, Patrizia, durante uma troca de bordo, bateu a cabeça na retranca da vela mestra e caiu desacordada, para desespero de Thomazio. Mesmo com Patrizia ferida na cabeça e com muita dor, precisaram navegar e chegar a Gênova. Lá, foi imediatamente levada ao hospital e ficou em observação. Parece que o projeto Viagem sem Destino estava com seus dias contados.

Depois desses acontecimentos, Thomazio contou ao pai sobre suas angústias. Disse que sua alma estava entristecida e que tinha perdido a vontade de prosseguir com o projeto de viagem planejado. Comandante Felippello, com toda sua sabedoria, disse:

– Meu filho, o mar, às vezes, é traiçoeiro. O comandante da embarcação precisa estar tranquilo e ter a certeza da empreitada.

– Eu não estou tranquilo, tenho maus pressentimentos. Minha alma está inquieta.

– Então, abortar o projeto é a medida mais sensata no momento.

– Vou seguir seu conselho. Obrigado.

Thomazio foi ao hospital ver Patrizia e ficou feliz por vê-la melhor. Estava sentada em uma poltrona, lendo uma revista com fotos de crianças. Então ele contou a decisão que tinha tomado em relação à viagem. Ela concordou e disse:

– Meu bem, o susto que levei foi muito grande. Acho que vamos trocar a viagem por um filho! Estou grávida, descobri agora com os exames médicos, por conta do acidente!

Novamente os avisos demonstravam que não era o momento de se aventurar pelos mares. Talvez pudesse acontecer coisa pior, por isso tantos contratempos.

O filho de Patrizia e Thomazio nasceu. Era um belo garoto, muito parecido com a mãe. A felicidade foi enorme para toda a família. Foi batizado pelos tios Petra e Florenti, e recebeu o nome de Vittorio Felippello.

Passados dois anos, um napolitano apareceu no estaleiro, viu o Mi Manchi e ofereceu um valor irrecusável, querendo comprá-lo. Comandante Felippello consultou Thomazio e, juntos, resolveram aceitar a oferta.

O napolitano chamado Cristaldo, um excelente velejador muito conhecido no Mar Tirreno e no sul da Europa, trouxe três amigos, também velejadores, para levar o barco até Nápoles.

À noite, durante a viagem entre Fiumicino e a ilha de Sardenha, o Mi Manchi foi abalroado por um navio mercante e afundou. Todos os tripulantes morreram no acidente.

Ao saber da notícia, Thomazio lamentou o ocorrido, mas ficou com a certeza de que deve sempre escutar os reclames da alma. Viveu feliz com a família e faleceu aos oitenta e dois anos de idade.

Capítulo XXIV

Joanot, o Músico

Em Valência, na Espanha, no século XV - também conhecido como Século de Ouro Valenciano - nasceu Joanot, filho de nobres que frequentavam o palácio real regularmente.

Desde a tenra idade, Joanot demonstrava interesse pela música. Apesar de criança, já tinha voz forte, afinada e vivia cantarolando pelos cantos da casa. Quando ouvia um instrumento, não descansava enquanto não descobrisse de onde vinha o som. Assim, com apenas sete anos, foi aprender a tocar flauta reta e alaúde; instrumentos utilizados pelas orquestras dos castelos.

Aos dezessete anos de idade já era considerado um músico e cantor talentoso, sendo requisitado para atuar em diversas orquestras e apresentações artísticas para nobreza. Apesar do sucesso em tenra idade, o destino preparava uma emboscada ao jovem.

Em certa ocasião, conheceu Aníbal, que tinha se convertido recentemente ao protestantismo, e, por sua influência, aceitou o convite de ir a um local onde haveria um culto. Quando lá estavam, em uma casa simples, próxima à floresta, foram atacados pela chamada Santa Inquisição, que, na época, tinha ampliado seu alcance em resposta à Reforma Protestante.

Aconteceu um verdadeiro massacre: mataram todos os que participavam do culto, com exceção do que era o pregador, que foi levado para ser queimado em praça pública, como exemplo às demais pessoas. Joanot acabou não conseguindo completar o sonho que tanto almejava.

Sua alma reencarnou em 1906, com sua grande vocação artística musical, em uma cidade interiorana no sul do Brasil, próxima da divisa com a Argentina. Seu pai, conhecido por Mandrico, era ferreiro: construía e arrumava carroças, colocava e trocava ferraduras dos cavalos, e outros serviços inerentes à profissão.

A casa simples da família ficava na zona rural. Seu Mandrico possuía cavalos, que costumava negociar, e duas vacas leiteiras para ajudar no sustento dele, da esposa e do cinco filhos: eram três mulheres, Joanot e Josias.

Perto da casa de Seu Mandrico ficava a Fazenda Boi no Laço, de propriedade do Coronel Tenório, um homem muito rico e dono da metade da cidade. Era um homem bom, que não ostentava suas posses e estava sempre pronto para ajudar seus vizinhos, amigos e trabalhadores. Na cidade, era dono do cartório, hotel e várias casas – das quais, em muitas delas, conforme a situação da família, nem cobrava o aluguel.

Joanot era um menino tímido, que vivia em casa ajudando a mãe e aprendendo com ela algumas canções regionais tradicionalistas. Quando aprendia, ficava cantarolando. Seu Mandrico, nas horas vagas, principalmente aos finais de semana, tocava uma gaita com doze baixos. Gaita que Joanot pegava escondido, quando seus pais e irmãos saíam.

Com seis anos de idade, o menino estava mais retraído e ficava sempre ouvindo músicas no rádio. Nem brincava com os meninos da vizinhança. Gostava de conversar com suas irmãs, especialmente com a mais nova, que era só dois anos mais velha que ele.

Na pequena escola primária municipal que ficava perto de casa, Joanot foi, aos sete anos, alfabetizado. A professora achava estranho o seu comportamento fechado e os colegas, já no primeiro dia de aula, o chamavam de "mariquinha"; expressão usual e pejorativa, na época.

Seus pais foram chamados, várias vezes, para conversar com a professora, mas nada mudava seu comportamento introspectivo: nem saía da sala no recreio e fazia o lanche, que trazia de casa, sentado na sua carteira escolar.

A escola, certa vez, foi convidada para participar de apresentações em uma festa da igreja. Todos os alunos foram, inclusive Joanot. Em determinado momento, a professora foi surpreendida pelo cerimonial da festa, que, ao microfone, perguntou:

– Professora Clarisse, que número sua escola vai apresentar para os nossos convidados?

A professora, que não tinha preparado os alunos para uma apresentação, ficou vermelha e não sabia o que dizer. Joanot logo percebeu a dificuldade enfrentada pela professora Clarisse, levantou o dedo indicador da mão direita e falou:

– Me chamo Joanot e a professora pediu para eu cantar uma música regionalista.

Ele foi até o palco e, antes de pegar o microfone, conversou com o gaiteiro. Combinaram qual seria a música e Joanot começou a cantar: alto, forte e afinadíssimo.

Foi aplaudido por todos, o cerimonial teceu elogios à apresentação do garoto e parabenizou a professora Clarisse, entregando um lindo buquê de flores. A partir daquele episódio, a professora e todos os colegas passaram a respeitá-lo.

Seus pais, seus irmãos e o Coronel Tenório ficaram sabendo da aptidão musical de Joanot, pois o feito espalhou-se por toda a zona rural.

Passados seis meses, em uma festa na fazenda do Coronel, estavam presentes alguns ilustres convidados da capital. Um dos convidados era o maestro Volney, regente de uma grande orquestra e sócio de uma escola de música em Porto Alegre.

Durante as conversas, ouviu o feito do menino e pediu para chamá-lo. Coronel Tenório solicitou a um dos seus empregados para que fosse até a casa de Joanot e pedisse ao pai que trouxesse o filho para falar com o maestro. Assim feito, Joanot, bem penteado e de roupa nova, chegou faceiro, longe da figura daquele menino tímido.

Ao se apresentar, cantou duas músicas e, mais uma vez, foi muito aplaudido e ovacionado. Maestro Volney ficou admirado com a voz e afinação de Joanot. Chamou Seu Mandrico e disse:

– Senhor, não podemos deixar se perder o talento de seu filho. Permite que ele vá continuar seus estudos na capital e, ao mesmo tempo, cursar a escola de música?

– Maestro, como posso tomar essa atitude, se minhas economias são precárias?

– Meu senhor, vamos conseguir bolsas de estudos e uma família vai hospedar Joanot como se fosse seu filho. Ele também voltará para visitá-los semestralmente.

Sem saber o que dizer, pediu para responder no dia seguinte, pois gostaria de conversar com todos os familiares. Assim, no dia seguinte, depois de avaliar e analisar os prós e contras, e ouvir Joanot, decidiram que ele iria em busca de seu grande sonho.

Chegado o dia da viagem, Joanot despediu-se da mãe e dos irmãos, seguindo para Porto Alegre junto com o pai. Lá chegando, maestro Volney estava na rodoviária esperando para levá-los até a família onde ficaria hospedado.

Dr. Mário e Dona Isolda estavam com um quarto da casa todo preparado para receber Joanot. Família abonada, sendo ele um médico cardiologista e, ela, dona de casa, também tinham dois filhos adultos, mas que moravam no exterior.

Seu Mandrico ficou contente e tranquilo com a recepção e o novo endereço do filho. Jantaram juntos e depois, pai e filho, foram dormir no mesmo quarto. No dia seguinte Joanot já foi para a escola e seu pai retornou ao interior do estado, na cidade onde morava. Estava orgulhoso de ter um filho com tamanha aptidão musical.

A capacidade intelectual de Joanot fez com que ele se saísse muito bem nos estudos regulares e na escola de música, onde teve contato com diversos instrumentos. Era obrigado a aprender a tocar pelo menos três instrumentos diferentes, sendo um de corda, um de sopro e um terceiro de sua livre escolha.

Maestro Volney, sempre atento, observou a preferência do rapaz pelo violino. Já estava no seu Eu aquela escolha, tanto que deslizava com imensa suavidade o arco sobre as cordas, de onde tirava notas claras e afinadas. Quanto à voz, à medida que os anos passavam, aproximava-se de um tenor.

Em 1924, Joanot era um dos principais violinistas da orquestra sinfônica regida pelo maestro Volney. Em algumas músicas, soltava sua voz de tenor e, ao final, era sempre muito aplaudido pelo público presente.

No ano seguinte, Joanot leu no mural da escola de música que dentro de um mês, em São Paulo, haveria um concurso para recrutar violinistas para compor uma orquestra sinfônica da Áustria. Como seu salário ainda era modesto, comentou em casa com o Dr. Mário, que, sensibilizado, prontificou-se a pagar as despesas de viagem e de estadia em São Paulo.

Foi uma semana de testes em São Paulo: leitura de partituras, conhecimento dos grandes mestres da música erudita e várias audições ao violino. Em uma dessas audições, Joanot preparou uma surpresa e soltou a voz de tenor. Foi aplaudido pelos professores e pelos outros candidatos presentes.

Foram dois os escolhidos: ele e Ludwig, um violinista residente no Rio de Janeiro. Ganharam um prêmio em dinheiro, contrato de trabalho e hospedagem em Viena. Embarcaram no navio em agosto de 1925, com destino a Veneza, na Itália, e de lá iriam de trem até a Áustria.

Foram bem recebidos pelo administrador da orquestra austríaca, que os conduziu ao alojamento onde Joanot e Ludwig ocupariam o mesmo quarto. Os dois precisariam ensaiar por muitas horas diariamente, pois tinham que participar de uma grande apresentação na Ópera Estatal de Viena.

Foi uma excelente performance dos músicos brasileiros. Ficaram atuando nessa casa de ópera até meados de 1928, quando foram recrutados para a Filarmônica de Viena, a orquestra sinfônica considerada uma das melhores do mundo.

Em maio de 1935, a Filarmônica visitou Londres e apresentou-se no Queen's Hall, a principal casa de concertos da cidade. Nesta época acontecia a perseguição aos judeus e, então, um dos integrantes de origem judaica aproveitou a ocasião e abandonou a orquestra. Em março de 1939, durante a Segunda Grande Guerra , a Áustria foi anexada à Alemanha e os nazistas tomaram o poder, enquanto tropas alemãs ocuparam todo o país.

Ludwig era de origem alemã, enquanto Joanot tinha uma ascendência franco-judaica. Por conta da sua origem, em abril de 1939, ele foi capturado por soldados alemães da SS e levado para Mauthausen-Gusen, um dos campos de concentração construídos pelos nazistas na Áustria, localizado próximo à cidade de Lins. O campo se transformou em um dos maiores complexos de trabalho escravo da Europa, durante a Segunda Guerra Mundial. Os prisioneiros eram usados para trabalhar em pedreiras, fabricar armas, munições, entre outros trabalhos forçados.

Sabendo das suas aptidões musicais, os generais que comandavam Mauthausen-Gusen convocavam Joanot para tocar violino e cantar nas festas oferecidas aos oficiais e seus familiares. Isso não significava que ficaria em alojamento melhor ou que teria alguma regalia.

Próximo ao final da guerra, com o rigor do inverno e a insalubridade das instalações, Joanot adquiriu tuberculose e faleceu aos trinta e oito anos de idade. Assim completou essa vida, na qual viveu sua missão com a musicalidade que trouxera em sua alma.

Capítulo XXV

ZEKI, O MASCATE

Neste capítulo vamos relatar três passagens de Zeki pelo mundo, com alma de mercador ambulante, ofício também conhecido como mascate.

PRIMEIRA PASSAGEM DE ZEKI

No século XV, mais precisamente no ano de 1460, em Constantinopla, capital do Império Otomano, nasceu Zeki, filho de prósperos comerciantes de especiarias. Seu pai, Hilal, e sua mãe, Aylla, já tinham duas filhas quando Zeki nasceu. Enquanto os pais cuidavam do armazém, as irmãs ajudavam a cuidar do menino. O armazém ficava próximo ao porto, às margens do Mar Negro, e a residência da família estava localizada no centro urbano de Constantinopla.

No século XV, as especiarias mais procuradas eram: a pimenta-do-reino, o cravo, a canela e a noz-moscada. Hilal tinha uma grande freguesia local e exportava seus produtos para outras cidades vizinhas. Muitas vezes entregava as mercadorias com a sua embarcação a vela, sempre acompanhado do Seu Tabor, um antigo empregado do armazém e ótimo navegador.

Ao mesmo tempo que ajudava algumas pessoas necessitadas, era um homem muito rude e firme em suas decisões; suas filhas tinham certo pavor em desagradá-lo, pois não podiam sair sozinhas sem a companhia de Aylla, sua mãe.

Quando Zeki atingiu a idade escolar, já estava praticamente alfabetizado por suas irmãs. Era levado e trazido, diariamente, da escola por sua mãe, que ao chegar em casa obrigava o menino a fazer os deveres, e só depois servia o jantar. Em uma vida familiar com muitas cobranças e obrigações, assim foi crescendo Zeki.

Quando foi para a universidade cursar contabilidade, já trabalhava no armazém com seus pais. Ia pra faculdade de manhã, trabalhava à tarde e estudava à noite; dispunha de pouco tempo para se divertir. Tinha muito jeito para negociar, a ponto de seu pai chamá-lo quando a negociação com um fornecedor estava complicada.

Suas irmãs já tinham casado quando Zeki conheceu Maria Eduarda, uma jovem morena, alta, de olhos e cabelos escuros. Estudavam na mesma universidade, mas ela cursava na área da saúde. Filha de agricultores que moravam nos arredores da cidade, mas proprietários de muitas terras, tinham uma vida bastante confortável. Ela tinha um irmão solteiro, Bernardo, proprietário de uma loja que vendia roupas, sapatos e armarinhos.

Começaram a namorar e, por um descuido, Maria Eduarda engravidou. Seus pais, também muito rígidos, ao saber do ocorrido, chamaram Zeki e os obrigaram a casar. Seu Hilal não deixou por menos: depois de uma bronca daquelas, disse que tinha de deixar a faculdade e trabalhar o dia todo, para sustentar mulher e o filho que estava a caminho.

O casamento foi realizado na propriedade dos pais de Maria Eduarda, mesmo local onde o casal ia morar. Foi uma celebração simples, para poucos convidados e familiares dos noivos. Assim, com somente dezenove anos Zeki e dezoito anos Maria Eduarda, começaram uma nova família.

No período matutino, Zeki trabalhava no armazém do pai e, no vespertino, na loja de Bernardo, seu cunhado. Como Bernardo era solteiro, convidava frequentemente Zeki para acompanhá-lo em noitadas, de mulheres e cachaça. Quando Keki saía com o cunhado, chegava tarde em casa e muito bêbado. Maria Eduarda, ainda grávida, o repreendia.

Uma noite em que Zeki tinha saído com Bernardo, Maria Eduarda entrou em trabalho de parto e foi acudida pelos seus pais. Nasceu um lindo e saudável menino. Naquela mesma noite Zeki extrapolou: chegou ao amanhecer e, além de bêbado, tinha a roupa suja de batom - da orgia que tinha participado.

Foi a gota d'água que faltava; Maria Eduarda, ajudada por seu pai, expulsou

Zeki de casa, com todas as roupas dentro de uma mala, e não permitiu que visse o filho que tinha nascido. Cambaleando, ele saiu e foi buscar abrigo na loja do cunhado, onde trabalhava.

Nenhum membro da família quis saber de aceitá-lo de volta; desesperado, pedia perdão, mas não adiantava. Foi então que seu cunhado lhe ofereceu a vida de mascate: colocava as roupas em uma mala e saía vendendo pelas cidades, mas muitas vezes passava fome e não tinha onde dormir. Voltava para prestar contas, pegar mercadoria e cair no mundo novamente.

Segunda passagem de Zeki

Na Cidade do Cabo, África do Sul, Zeki nasceu no final do século XVII, tendo como pais os holandeses Rutger e Heidi, que, recém-casados, migraram de Amsterdã, em 1690, quando trabalhavam para a Companhia Neerlandesa das Índias Orientais. Esta empresa tornou-se a maior empresa comercial do mundo no século XVII e importava grandes quantidades de especiarias, obtendo altos lucros.

Cuidavam do entreposto da companhia na Cidade do Cabo, em uma grande construção que ficava junto ao porto, onde também residiam. Tinham um bom poder aquisitivo e se relacionavam com as mais diversas autoridades locais.

Zeki teve uma infância alegre e tranquila; como seus pais não tiveram mais filhos, toda a atenção era para ele. Brincava com os filhos dos colegas de trabalho do pai e costumava liderar quando inserido em um grupo de crianças.

Na idade escolar, foi matriculado em um dos melhores colégios da cidade. Pelo seu espírito de liderança, estava sempre se envolvendo em confusão com alguns colegas de classe, muitas vezes durante as aulas. Esse comportamento acabava por prejudicar seu desempenho escolar e ficava sempre em recuperação.

Além da liderança que lhe era inata, Zeki demonstrava aptidão para negociar. Estava sempre comprando objetos por um determinado valor e vendia pelo dobro.

Aos dezesseis anos de idade, Zeki tornou-se um rapaz de tez clara, alto e muito forte. Um dia procurou seus pais para dizer que sua vontade era ser dono do seu próprio negócio, já que queria ter uma loja para vender sapatos, roupas e acessórios.

Rutger e Heidi ouviram com atenção e, como possuíam muitas economias, resolveram satisfazer a vontade do filho. Alugaram um espaço bem no centro comercial da Cidade do Cabo, mobiliaram e compraram um bom estoque de sapatos, roupas e acessórios para começar. Heidi se comprometeu a auxiliar o filho no negócio. Assim inauguraram a loja com o nome Casa da Holanda.

Nos dois primeiros anos, o negócio foi muito promissor, as vendas aumentavam e, muitas vezes, os clientes da loja tinham de esperar a mercadoria, de tanta procura.

Quando Zeki completou dezoito anos, já namorava Kety há um ano. Ela era uma menina doce, linda e muito amável com as pessoas. Mais uma vez, Zeki chamou os pais e disse:

– Pai, desconfio que a Kety esteja grávida. Faz dois meses que não menstrua.

– Vamos providenciar um teste para confirmar. Lembre-se de que ela só tem dezesseis anos de idade.

– É, pai, mas, se estiver, como contar para os pais dela? A mãe é tranquila, mas o pai é um italiano muito bravo.

– Primeiro o teste, depois resolvemos, se for o caso.

No dia seguinte, Zeki levou Kety ao laboratório para os procedimentos do exame de gravidez. O dono do laboratório conhecia os familiares de Kety, mas prometeu sigilo absoluto. Disse para buscar o resultado no final do dia seguinte.

Foi confirmada a gravidez e, agora, viria o drama de contar em casa. Da mesma forma que Zeki, Kety também era filha única e dizia com o resultado em mãos:

– Zeki, meu pai vai me matar ao saber a notícia.

– Precisamos achar uma maneira de levar a notícia. Primeiro vamos lá em casa.

Assim, levaram o resultado para os pais de Zeki. Lá conversaram e combinaram que Rutger e Heidi, no dia seguinte, iriam conversar com os pais de Kety, levando a notícia e propondo o casamento dos seus filhos.

Como foi combinado, Zeki, acompanhado de seus pais, chegou à casa do senhor Romano, um estivador, pai de Kety. Tocaram a campainha e veio atender uma bela senhora, que perguntou:

– Boa noite. O que desejam?

– Boa noite. Somos os pais de Zeki, namorado de Kety. Gostaríamos de conversar com o senhor Romano e sua esposa.

– Sou a mãe de Kety, façam o favor de entrar. Sentem-se, que vou chamar meu marido.

Entraram, sentaram e em silêncio aguardaram Romano, que estava no banho, pois tinha acabado de chegar em casa do trabalho. Quando Romano chegou, ficou surpreso com a visita inesperada e perguntou:

– Em que posso servi-los?

Com a palavra, Rutger respondeu:

– Sou pai de Zeki, trago uma notícia que pode desagradá-lo. Sua filha está grávida do meu filho e viemos propor o casamento deles.

A notícia foi tão bombástica quanto a solução. Romano e sua esposa ficaram sem saber o que dizer. Passado um momento, refeitos, acertaram o casamento.

Como a família de Romano tinha poucas posses, a recepção do casamento seria custeada por Rutger. O casal ficaria morando com os pais do noivo e Kety trabalharia na Casa da Holanda. Com tudo certo, marcaram o casamento para o mês seguinte, quando Kety estaria com três meses de gestação.

Como Rutger gerenciava a Companhia Neerlandesa das Índias Orientais, na Cidade do Cabo, ele era muito relacionado no meio empresarial. Assim foram trezentos e cinquenta convidados para o casamento do filho. Contrataram o melhor buffet e a recepção seria no Clube dos Marítimos da Cidade do Cabo.

O casamento foi um grande acontecimento, comentado em toda a cidade, pela beleza da noiva, a decoração da igreja e o banquete servido no clube. Tinha saído tudo como haviam almejado. A vida continuou e seis meses depois nasceu Anelise, forte, saudável e muito bonita. Era o xodó dos avós paternos e maternos.

O grande problema de uma alma encarnada é quando encontra outra com vícios de encarnações passadas. Nesse caso, uma era ligada na bebida e promiscuidade, outra, no hábito de assaltar para roubar. Assim foi a amizade de Zeki com Laris, um filho de holandeses que trabalhavam na Companhia Neerlandesa. Em vida passada, Laris perdeu a vida ao assaltar uma carruagem real. Matara três soldados. E, por isso acabou decapitado. Zeki bebia e frequentava bordéis.

Os dois ficaram amigos inseparáveis, a ponto de causar ciúmes em Kety. Certa ocasião, depois de beberem bastante, Laris convidou Zeki para uma aventura diferente. Montar uma tocaia em uma rua escura, para dar um susto em quem passasse, fingindo um assalto. Laris andava sempre portando um enorme canivete.

Assim combinados, foram para uma rua escura próxima ao cais do porto. Ficaram os dois em uma esquina, aguardando quem seria a vítima. Eis que surge um homem forte, de meia idade. Laris deu um grito e pulou sobre ele. Com o susto, o homem reage, tira o canivete da mão do agressor e o esfaqueia. Laris caiu ensanguentado. Em um impulso defensivo, Zeki pegou uma barra de ferro, que estava próxima, e golpeou o homem na cabeça.

Como estava escuro, Zeki saiu correndo para casa e não ficou para ver o que tinha acontecido. Mal sabia que o homem que golpeou era Romano, seu sogro.

Dia seguinte a notícia correu pela cidade: dois cadáveres haviam sido encontrados no cais do porto. Um conhecido como Laris, esfaqueado no peito e outro, o estivador Romano, com afundamento de crânio.

Zeki ficou desesperado, foi à loja, recolheu todo o dinheiro que estava no cofre e procurou um conhecido que comandava um navio mercante de pequeno porte. Ofereceu dinheiro como pagamento de passagem para Portugal e voltou para casa.

Como o navio ia partir dentro de dois dias, Zeki foi ao velório e sepultamento do sogro e de Laris. Quando perguntado se sabia onde Laris estava no dia anterior, respondia que tinha conversado com ele, mas não sabia onde ele tinha ido depois.

No dia da partida do navio, acordou cedo, sem fazer barulho, preparou uma sacola de roupas e foi para o porto. Falou com o comandante, pediu sigilo absoluto e ficou escondido dentro de uma cabine. O navio partiu ainda pela manhã e Zeki passou a viagem inteira escondido. Só o comandante e o taifeiro sabiam da existência dele como passageiro. O taifeiro levava, diariamente, as refeições para ele na cabine.

Seus pais e sua esposa procuravam por ele há vários dias e não tinham a menor ideia do seu paradeiro. Passadas duas semanas, a polícia conseguiu decifrar o quebra-cabeça e foi à casa de Zeki para prendê-lo. Assim toda a família ficou sabendo de seu envolvimento nos crimes.

Quando o navio Miragem atracou em Portugal, o comandante desembarcou Zeki, sem que fosse visto. Dormiu em uma pousada e de manhã foi à procura de Seu Manuel, dono de uma loja no centro de Lisboa. Foi o comandante que lhe deu o endereço, dizendo que era homem de sua confiança.

Chegou à loja, contou todo o acontecido para o seu Manuel, que lhe ofereceu uma vaga de mascate. Assim, novamente Zeki saiu pelas cidades, vendendo de porta em porta.

TERCEIRA PASSAGEM DE ZEKI

Foi no final do século XIX, nos arredores de Paris, que a alma de Zeki encarnou no seio de uma família muito pobre. Seus pais, Denis e Mercedes, tinham cinco filhos quando Zeki nasceu.

Darci, o filho mais velho, tinha apenas nove anos de idade e ajudava seu pai a plantar e colher verduras e legumes. Às 5 horas da manhã, na boleia de uma velha carroça, levavam o que colhiam para vender no centro da cidade.

Era uma vida familiar com muitas dificuldades. A filha Mireille, de quatro anos de idade, era portadora de deficiência física e mental. Assim, sua mãe dedicava-se a ela em tempo integral. Zeki era mais uma boca para sustentar e vivia quase sempre sujo, por brincar com os irmãos na pequena faixa de terra que rodeava a pequena casa de madeira onde moravam.

Somente Zeki e Riquelme, seu irmão mais novo, frequentavam a escola que ficava distante da casa e precisavam caminhar uma hora para chegar. Com chuva, o caminho se tornava praticamente intransitável e tinham que ficar em casa.

À medida que os filhos cresciam, o pai os colocava para trabalhar. Os dois mais velhos, agora um com dezesseis e outro com dezessete anos de idade, tinham de caminhar diariamente com dois balaios nas costas, para vender o que colhiam de porta em porta.

Zeki, à medida que crescia, menos se conformava com a vida difícil e sofrida da família. Sua irmã deficiente tinha falecido, seu irmão mais velho foi preso por roubar uma galinha no mercado e seu pai estava enfraquecido de tanto lutar por todos.

Certo dia, quando tinha completado dezesseis anos de idade, Zeki foi até a loja de roupas do Seu Oliver, que conhecia sua família, pois comprava verduras e legumes que Denis levava até sua casa. Lá chegando, esperou que Seu Oliver atendesse uma senhora que comprava camisas para o marido, e falou:

– Senhor Oliver, apesar de ainda jovem, tenho experiência em vendas. Quem sabe o senhor possa me arrumar um trabalho.

– Zeki, meu rapaz, você chegou na hora certa. Acabei de contratar uma moça para vender roupas femininas de porta em porta. Você se interessa em fazer o mesmo com roupas masculinas?

– Com certeza, Seu Oliver. Quando começo?

– Vem amanhã cedo que vou te explicar como atender as pessoas.

Zeki foi pra casa feliz da vida, já era aquilo uma chance que não podia desperdiçar. No dia seguinte, com seu melhor traje, lá estava ele esperando Seu Oliver abrir a loja.

Realmente ficou comprovada a facilidade que tinha para negociar. Chegava à casa das pessoas sorridente, educado e pedia licença para mostrar as roupas que levava na mala. Nunca vendia uma só peça, convencia sempre a levar outras. Com seu trabalho, juntou algum dinheiro e ajudou a família.

Quando em uma de suas visitas, ao bater na porta, veio atender uma jovem, muito bonita e de sorriso cativante, Zeki ficou desconcertado. Pediu licença e disse:

– Senhorita, boa tarde. Me chamo Zeki. Qual seu nome?

– Marie. Sou filha de Afonso, dono da casa.

– Seu pai se encontra em casa?

– Não, mas posso ajudá-lo?

– Trago na mala roupas masculinas para vender. Então, volto outro dia.

– Não, por favor. Meu pai faz aniversário amanhã e estava mesmo pensando em comprar uma camisa para lhe dar de presente.

– Então me permita mostrar as que tenho no momento.

Após esse diálogo, Marie comprou duas camisas e, ao se despedir, Zeki disse:

– Obrigado, senhorita Marie, você é muito bonita. Será que podemos nos encontrar novamente?

– Vou estar domingo na festa da igreja, se você for, nos falaremos.

– Com certeza estarei lá. Boa tarde.

– Boa tarde.

Voltou para a loja, acertou as contas das vendas da semana e foi para casa, com o pensamento na linda moça que acabara de conhecer.

Chegou o domingo e lá estava Zeki na festa da igreja, esperando encontrar Marie. Ela chegou acompanhada de seu pai, um alemão forte e que parecia ser muito conservador. Escutou quando ele disse para ela que se comportasse bem e que iria buscá-la às 17 horas em ponto.

Assim que o pai se afastou, Zeki foi ao encontro de Marie e a convidou para passarem pelas barracas de jogos e comidas típicas da festa. Ficou sabendo que o pai dela era muito possessivo e bravo, e que estava sempre controlando os passos de todos da família.

Após outros encontros, começaram a namorar escondido dos pais de Marie. Ela estava muito apaixonada por Zeki e, em um momento de fraqueza e ternura, em uma tarde de domingo, fizeram amor. Como não podia ser diferente, Marie engravidou.

Ao saber da gravidez e da dificuldade que iria enfrentar com o pai de Marie, covardemente Zeki fugiu da cidade, abandonando a moça naquela situação.

Marie escondeu a gravidez o máximo que pôde, mas, quando seu pai descobriu, expulsou-a de casa, sem dó nem piedade. Foi acolhida na casa de uma prima mais velha, professora e solteira. Lá nasceu Manuela, que teve uma vida muito breve e reencarnou no final do século XX.

CAPÍTULO XXVI

VICENTINO, O SAPATEIRO

Em meados do século XVII, na Sereníssima República de Veneza, nascia Vicentino. Filho único de Carmelo, um próspero calzolaio (sapateiro) da região, e de Dona Josefina, que tinha um ateliê onde confeccionava máscaras e roupas para os nobres se divertirem no carnaval, uma tradição em Veneza.

A família morava em um sobrado, localizado praticamente dentro de um dos canais da cidade, pois a água encostava na lateral da casa. A sapataria do seu Carmelo e o ateliê de dona Josefina ficavam no piso térreo, fazendo frente para uma das principais ruelas de Veneza. O vai e vem das pessoas era intenso, bem à frente dos negócios da família.

Graças a sua baixa estatura, o Rei Luís XIV da França lançou o sapato "plataforma", com até 13 cm de altura e bastante decorados; movimento de moda também adotado por seu sucessor, o Rei Luís XV, conhecido como o Bem-Amado.

Seu Carmelo soube aproveitar as tendências da moda francesa e começou a produzir esse tipo de calçado, obtendo uma resposta positiva da nobreza local. As encomendas não paravam de chegar e, muitas vezes, virava noites para cumprir as datas prometidas para entregas.

Vicentino, desde criança, acompanhando o ofício do pai, rabiscava desenhos de calçados, que dizia ser para os meninos da escola usarem. Um pouco mais crescido, desenhava modelos de bolsas e carteiras de couro. Seu Carmelo sempre observava os desenhos e tecia comentários incentivadores.

Na escola, os professores admiravam seus desenhos e sua caligrafia. Estava sempre pronto para ajudar seus colegas nas tarefas escolares, e suas notas em provas demonstrava toda a sua capacidade intelectual.

Muitos parentes e conhecidos da família pensavam que Vicentino seria um futuro arquiteto, mas ele estava sempre muito próximo dos pais, com seus desenhos criativos de sapatos, bolsas, carteiras e máscaras. Sua alma tinha uma grande ligação espiritual com a deles.

Ao completar quatorze anos de idade, Vicentino já dominava muito bem o ofício do pai e, com toda sua capacidade criativa, produzia sapatos e bolsas que atraíam cada vez mais clientes. Alguns nobres só encomendavam sapatos se fossem manufaturados por ele. Sua fama começou a atravessar fronteiras.

Com dezesseis anos de idade, o comportamento de Vicentino começou a ficar estranho. Muitas vezes estava brincalhão com as pessoas e, em outros momentos, se mostrava rude e se enclausurava, deixando de trabalhar por alguns dias. Como esse comportamento se repetiu diversas vezes, preocupados, os pais queriam que procurasse ajuda de um profissional de saúde. Ao falar disso, contudo, as coisas pioravam ainda mais.

Certa noite, Carmelo percebeu que o filho ainda estava acordado, e foi, sem fazer barulho, espiar no buraco da fechadura. Quase caiu para trás! Viu Vicentino de batom e vestido de mulher; logo, concluiu que o problema do filho tinha a ver com a sua sexualidade. Carmelo guardou para si a cena que acabara de presenciar, pois nem com Josefina teve a coragem de comentar.

Passados alguns dias, Carmelo convidou o filho para ir à festa de aniversário de uma prima, fazendo o seguinte comentário:

– Vicentino, hoje vamos encerrar mais cedo o trabalho.

– Não, pai, tenho muitas encomendas para terminar. Vou ficar trabalhando até altas horas.

– Vicentino, hoje é o aniversário de quinze anos da tua prima Sofia!

– Verdade, pai, mas primeiro o dever, depois o lazer.

– Filho, vamos! Vai ter dança e podes arrumar uma namorada, já está em tempo.

– Não, quem sabe em outra ocasião.

Com esse diálogo, encerrou o assunto. Carmelo e Josefina se arrumaram e foram sozinhos à festa. Aproveitando a ausência dos pais, Vicentino convidou um amigo para beber um vinho com ele na sapataria. Esse amigo era o Frank, um rapaz moreno, alto e forte, que morava a duas quadras de distância.

Quando Carmelo e Josefina voltaram do aniversário, os dois amigos ainda estavam juntos na sapataria. Davam risadas pelo efeito das três garrafas de vinho que consumiram. Vicentino olhava de um modo romântico para Frank, enquanto contava histórias.

Ao completar dezoito anos, Vicentino já tinha melhorado das oscilações de humor. Provavelmente era porque a amizade com Frank se fortificava e estavam sempre juntos. Carmelo passou a ficar menos apreensivo, pois queria ver o filho feliz.

As novidades dos calçados no mundo continuavam seguindo a moda lançada em Paris, porém demorava um bom tempo para chegar até Veneza. Por isso, Vicentino pediu ao pai para ir a Paris conhecer as tendências da moda na Europa. Explicou que pretendia expandir os negócios da família.

Carmelo permitiu que o filho passasse três meses na França, especializando-se em moda masculina e feminina. Já tinha admitido a preferência sexual do filho, e havia decidido não interferir na sua vida. Vicentino convidou Frank para acompanhá-lo e lá foram os dois para a Cidade Luz.

Na época, os homossexuais, principalmente fora da nobreza, tinham de enfrentar a Igreja, o Estado e o povo. Diversas experiências de cura de homossexuais foram empregadas, mas sem sucesso. Por isso, procuravam, ao máximo, conter seus comportamentos para evitar problemas e preconceitos em terra estranha.

No dia que os dois chegaram a Paris, procuraram uma hospedaria. Com muita discrição, conseguiram um quarto na pensão do Monsier Lambert e foram dormir cedo, pois no dia seguinte sairiam para conhecer a cidade e visitar as lojas de roupas e calçados.

Em uma das lojas que visitaram, Mademoiselle Creollet indicou um local que ensinava as novas tendências da moda europeia. Lá chegando, sentiram-se à vontade com a presença de muitos homossexuais e inscreveram-se em um curso de duas semanas de duração. Era sábado de manhã e o curso iniciava na próxima segunda-feira.

No domingo passearam às margens do rio Sena e almoçaram em um restaurante tipicamente francês. Servidos, elegantemente, em uma mesa que ficava na calçada, degustavam a comida deliciosa e planejavam o futuro deles em Veneza.

Os dois planejavam abrir uma grande loja para atender a elite veneziana e, aproveitando a viagem, pretendiam levar alguns artigos exclusivos para o início do negócio.

Assim ficaram os três meses: fazendo cursos, visitando as lojas mais luxuosas e mantendo contato com diversos estilistas franceses. Quando chegou a hora de retornar, já estavam carregados de mercadorias e ideias mirabolantes.

Em Veneza, reuniram as duas famílias e oficializaram a sua união. Constituíram uma sociedade comercial, com cinquenta por cento de capital social para cada um e, em um mês de trabalho árduo, inauguraram a Casa Franco-Veneziana. Era uma bonita loja, bem localizada, com mercadorias importadas da França. Dona Josefina, mãe de Vicentino, e senhora Margot, mãe de Frank, eram sempre muito elegantes e, usando roupas francesas, atendiam a seleta clientela. Foi um sucesso absoluto.

Em situações especiais, Vicentino, com suas mãos habilidosas, também aceitava manufaturar sapatos exclusivos para a realeza, cobrando em moedas de ouro.

Assim, foi o encontro de duas almas que, apesar de nascidas do mesmo sexo, viveram prósperos pelo trabalho realizado e também felizes no amor.

Na encarnação anterior, viveram como irmãos gêmeos na antiga Roma. Eram muito ricos, e, naquela vida, o maior prazer que desfrutavam na juventude era o de maltratar e humilhar as mulheres quando frequentavam os bordéis da região.

CAPÍTULO XXVII

HAROLD, O TANOEIRO

Nas últimas décadas do século XIX, uma corrente migratória deixou o norte da Itália com destino ao Brasil. A maioria se fixou no Estado de São Paulo, e, junto, a família de Harold. Era um inglês que constituiu família na Itália. Como muitos imigrantes vieram para ser vinicultores, Harold, que era tanoeiro, veio arriscar a vida no Brasil, fixando residência no interior de São Paulo.

O tanoeiro é um artesão que ganha a vida construindo barris, pipos de vinho e tinas para a vindima. Estas vasilhas eram feitas em madeira com arcos de ferro em volta. A madeira ideal para conservar bebidas é a proveniente de carvalhos e, após derrubar a árvore - com mais de um século -, a madeira deve ficar, no mínimo, três anos secando ao ar livre.

A família de Harold era grande, pois ele e sua esposa, Genoveva, tinham sete filhos. Casaram quando ele tinha dezenove e ela, quinze anos de idade. Quando migraram, o filho mais velho estava completando onze anos e o caçula recém completara dois anos.

Harold, com o auxílio de seus compatriotas, edificou uma excelente casa de pedras aparelhadas e aberturas feitas com toscos caibros de madeira. Tinha uma enorme sala-cozinha, quatro quartos, dois banheiros e varanda. Nos fundos da casa, construiu um galpão onde praticava o ofício de tanoeiro. A casa possuía acabamentos visualmente interessantes.

Alguns vinicultores já tinham migrado anteriormente e suas vinícolas estavam em plena atividade produtiva. Assim, Harold iniciou uma peregrinação pelas propriedades dos vinicultores, em busca de pedidos, para então iniciar a produção de barris e tonéis de carvalho.

Seu pai era considerado, na Itália, um dos mais importantes tanoeiros e como Harold havia aprendido o ofício com ele, o fato serviu de credencial para conseguir algumas encomendas e iniciar o trabalho. Com alguns pedidos em mãos, agora deveria sair em busca da matéria-prima: cintas de aço e madeira de carvalho envelhecida. Conseguiu fornecedores em São Paulo, onde pode pesquisar o melhor preço e meio de transporte do material.

Com tudo organizado, contratou Ettore, um rapaz jovem, também filho de imigrantes italianos, e iniciaram a produção. A oficina onde trabalhavam era bem equipada, com todas as ferramentas necessárias para fabricar barris e tonéis de alta qualidade e perfeição.

Com o aumento da demanda por tonéis, Harold contratou mais dois empregados a fim de atender, com presteza, a todos os pedidos que chegavam. Dos sete filhos, somente Nino, o mais velho, demonstrava interesse pelo ofício do pai. Nino estava sempre na oficina, com o olhar curioso de quem quer aprender.

Espalhou-se na região a fama dos tonéis produzidos por Harold, que diziam que a qualidade do vinho neles envelhecido era superior aos de seus concorrentes. Nino, agora com dezessete anos de idade, já era um tanoeiro com boa experiência. Tinha uma enorme facilidade para moldar a madeira, fazer os encaixes e colocar os cintos de aço nos tonéis.

Rinaldo, segundo filho de Harold, ao completar quinze anos, gostava de entalhar madeira e foi morar e trabalhar com seu tio Harrison, que residia e tinha uma marcenaria em outra cidade.

Os anos passaram e duas das quatro filhas de Harold já tinham casado. Outras duas decidiram seguir a vida religiosa, indo para o convento. Sobrou o filho mais novo, Guido, rapaz bonito, bem apessoado, mas que não queria estudar ou trabalhar; era boêmio e vivia de noitadas. Harold e Genoveva não sabiam como motivá-lo a fazer alguma coisa de útil na vida.

Todas as almas presentes na família de Harold tiveram passagens complicadas em vidas passadas. Nesta, estavam reunidas para resgatar os malefícios que haviam causado. Assim, aos poucos, começou a tentativa de resgate e novos caminhos na espiritualidade de toda a família foram sendo traçados.

Nina, uma das filhas que tinha ido para o convento, abandonou o claustro e se juntou a um jovem, alcoólatra e rude, que a espancava quase diariamente. Carina e Túlio, seu marido, afogaram-se em uma travessia de canoa no rio que cortava a cidade. Luna se tornou uma irmã de caridade e do convento foi transferida para atender enfermos no hospital da cidade. Bianca, casada com Mariano, estudou medicina e trabalhava em um posto de saúde da periferia, atendendo pessoas humildes.

Certo dia, por um descuido enquanto cerrava um pedaço de madeira na marcenaria do tio Harrison, Rinaldo teve as duas mãos amputadas e, então, voltou para casa dos pais. Nino casou-se com Giselda. Tiveram dois filhos e prosperaram, pois, como tanoeiro, ficou tão afamado quanto seu avô paterno na Itália.

Guido, sempre *bon vivant*, em uma de suas noitadas, bebendo dentro de um bar na periferia da cidade, negou-se a pagar a conta e entrou em luta corporal com o proprietário. Com uma garrafa na mão, quebrou-a no canto da mesa e atingiu o pescoço do proprietário, que morreu na hora. Foi preso e condenado a vinte anos de reclusão.

Seu Harold e Dona Genoveva tiveram vida longa e assistiram o destino de cada filho e os resgates de suas almas, a caminho da espiritualidade.

Capítulo XXVIII

VITINHO, O PESCADOR

Victor nasceu na cidade de Setubal – Portugal -, no final do século XIX. Apelidado de Vitinho, era um experiente pescador que vivia em uma pequena vila próximo à praia de Galapinhos. Casado com Mariazinha, era pai de um casal de filhos, Anastácio e Antonina.

A casa da família era simples, mas confortável; localizada na vila de pescadores, ficava bem próxima da praia, com um rancho de embarcação ao lado, repleto de material de pesca. Nos dias de folga, Vitinho adorava praticar pesca artesanal. Embarcava na canoa e lançando a sua tarrafa, esquecia o tempo passar. Voltava para casa a noite. Quando embarcado, passava muito tempo pescando em alto-mar, enquanto Mariazinha ficava cuidando dos filhos e das hortaliças que cultivava.

Antes de partir para pesca em alto mar, a tripulação do Triunfo - grande embarcação pesqueira - era minuciosamente escolhida. O capitão tinha engajadores que percorriam as cidades litorâneas para formar a tripulação. Havia, além da tradição familiar, a fidelidade ao barco, o que fazia a tripulação de um ano ser praticamente igual ao do outro. Os marinheiros, antes de embarcar, recebiam do armador - dono da embarcação - um adiantamento em dinheiro para deixar com a família, o que criava uma obrigação dos pescadores com ele, o armador.

A tripulação dos grandes barcos pesqueiros era assim constituída: capitão, piloto, cinco marinheiros pescadores, cozinheiro e dois ajudantes. Existia certa fidelidade entre os tripulantes, pois, se um marinheiro quisesse trocar de armador, deveria ficar um ano desembarcado. No Triunfo, o mestre Calvino era o capitão e Vitinho era o piloto. Os dois pareciam almas gêmeas, de tanta colaboração e entendimento mútuo. No ditado popular, eram unha e carne, um com o outro.

A temporada de pesca variava bastante quanto ao resultado, pois muitas vezes a quantidade de pescado era abundante e rendia um bom dinheiro aos embarcados, mas, em outras, voltavam muito decepcionados. Além da incerteza em relação à quantidade de pescado que conseguiriam capturar, em cada temporada, era difícil a vez que não surgisse um contratempo com os tripulantes, pois ficavam três meses - ou mais - pescando longe da costa.

Em certa ocasião, no alto-mar, Basílio, um marinheiro ajudante, por inexperiência prendeu o pé na rede de arrasto e caiu no mar. O desespero foi grande, pois ele estava sendo arrastado preso à rede e não conseguia soltar o pé. Gritava ao mesmo tempo que se afogava. O piloto Vitinho, imediatamente, parou a embarcação e o capitão Calvino mandou recolher a rede.

Lá veio Basílio pendurado na rede que estava sendo recolhida. Ao ser resgatado e colocado no convés do Triunfo, estava passando mal por ter engolido muita água. Ernesto, um marinheiro com bastante prática de primeiros socorros, fez os procedimentos recomendados e Basílio se recuperou. Seu espírito ainda não estava na hora de desencarnar.

Nesta viagem, quando atracaram no porto em Setubal, os porões do Triunfo estavam repletos de pescado, a ponto de precisarem antecipar em uma semana o retorno para casa. Foi uma temporada excelente, que rendeu um bom dinheiro.

Com saudades da família, Vitinho chegou em casa, abraçou a mulher e os filhos, e disse:

– Mariazinha, vamos aproveitar que a pesca rendeu e aumentar a casa.

– Ótimo, assim podemos dar mais conforto ao Anastácio e Antonina.

– Amanhã mesmo vou falar com compadre Zequinha e contratá-lo para fazer o trabalho.

Parece que estava adivinhando. Antes de embarcar novamente, Mariazinha disse:

– Vitinho, enche novamente os porões do Triunfo, porque vamos ter mais uma boca para sustentar.

– Vem algum parente teu morar conosco?

– Não! Estou esperando outro filho.

Vitinho, surpreso, pulou de alegria e saiu pela vila espalhando a notícia. Foi à venda do seu Maneca e pagou uma rodada de cachaça para todos que lá estavam, além de distribuir muitos charutos.

Já estava na hora de voltar a embarcar, mas tiveram de substituir na tripulação o Basílio que, pelo susto de ter ficado preso na rede e quase morrer, resolveu arrumar outro trabalho. No lugar dele assumiu Adão, um jovem alto, forte, com apenas dezoito anos de idade.

Com toda a tripulação a bordo, o Triunfo partiu para uma nova temporada de pesca. Dessa vez iriam bem mais longe, à procura de bacalhau, cujo preço de mercado estava em alta. Tinham se preparado para passar mais tempo em alto-mar e reabastecer em outras cidades, quando necessário.

Estavam há cinco meses pescando, e, quando os porões ficavam repletos, esvaziavam em portos mais próximos para retornar e continuar a pescaria.

Os tripulantes, já cansados de tanto trabalho, não viam a hora de voltar para casa, mas, com a abundância de peixes no mar da região e aproveitando o período favorável à pesca, não consideraram as condições físicas e psicológicas dos marinheiros. Seguiram enchendo os porões.

Quando o pescado ficou escasso, e com porões ainda em meia carga, resolveram voltar para Setubal. Seriam vinte dias de navegação até chegarem em casa. Ao recolherem as redes para guardá-las, uma peça do guindaste cedeu e atingiu a cabeça do novato Adão. A pancada foi tão violenta que o rapaz caiu desacordado. Chamaram Ernesto - o marinheiro com experiência em primeiros socorros -, que observou um ferimento enorme na base do crânio e o levou para a cabine. Ernesto limpou o ferimento, fez um curativo e aplicou uma injeção para aliviar a dor. Às 10 horas do dia seguinte, um sábado de sol e mar calmo, Adão teve um tremor e, em seguida, uma parada cardiorrespiratória. Tentaram reanimá-lo, mas foi em vão.

Quando chegaram a Setubal, a polícia técnica realizou os procedimentos de praxe e liberou o corpo de Adão para o velório e sepultamento. Foi uma tristeza geral; Basílio estava em choque, pois poderia ter sido com ele, já que Adão foi quem ocupou sua vaga. As pessoas diziam para ficar tranquilo porque não tinha chegado a sua hora.

Vitinho, ao desembarcar, recebeu a notícia de que no sábado de manhã havia nascido seu terceiro filho. Era Assunta, uma linda menina. Então comentou com Mariazinha:

– Mariazinha, só a espiritualidade pode nos dar explicações. Enquanto uma alma sobe, outra desce.

– Verdade, Vitinho. Por isso, vamos rezar pela alma do Adão.

Depois desse breve diálogo foram para casa. Vitinho estava ansioso para conhecer Assunta, a alma que acabava de chegar.

Na vida anterior de Basílio e Adão, eram irmãos de sangue e viviam no Antigo Egito. Basílio era o primogênito de um governador, e, quando o pai estava à beira da morte, Adão envenenou Basílio, para ser o primeiro sucessor.

Capítulo XXIX

Dom Castilho, o ourives

No século XVIII, em Toledo, na Espanha, o casal Onofre e Brígida eram serviçais na casa de Dom Javier, um rico comerciante, proprietário de várias lojas, farmácias e armazéns espalhados pela cidade.

Brígida estava grávida do primeiro filho, e Dom Javier, um homem boníssimo, disse que ela poderia continuar trabalhando na casa após o nascimento da criança. Dom Javier era viúvo, não tinha filhos e seus parentes mais próximos viviam em Amsterdã, na Holanda.

Castilho nasceu forte e saudável. Uma semana após o nascimento sua mãe já o levava quando ia trabalhar na casa de Dom Javier.

Como a casa de Dom Javier era muito grande e nos fundos existia um pomar, com as mais variadas espécies de árvores frutíferas. Quando cresceu um pouco, Castilho corria e se divertia sozinho pelas ruelas bem cuidadas do pomar.

Quando Dom Javier chegava em casa, após visitar seus negócios na cidade, procurava Castilho e fazia brincadeiras com o menino. Corria atrás, se escondia e fazia tudo aquilo que gostaria de ter feito se tivesse um filho.

Certo dia, Dom Javier chamou Onofre, pai de Castilho, e disse:

– Onofre, você e sua esposa já trabalham comigo há mais de quinze anos. Não é verdade?

– Sim, patrão, já são quinze anos e oito meses.

– Então, vocês agora são meus amigos de confiança e, por isso, faço questão que venham morar nesta casa, para me fazer companhia. Seremos uma só família.

– Dom Javier, o senhor acha certo aceitarmos esse convite?

– Acho muito certo. Podem se mudar para esta casa amanhã. Arrumem um dos quartos para você e Brígida e outro para o pequeno Castilho.

– Assim faremos, patrão.

Onofre contou a conversa que teve com Dom Javier para Brígida; ela fez algumas considerações, mas aceitou o convite, pensando na vida melhor que poderiam oferecer ao filho.

A casa em que moravam era pequena, e, como tinham poucos pertences, reuniram as roupas em uma mala e foram morar na mansão de Dom Javier. Lá passaram a ser tratados como de casa: almoçavam juntos, iam à missa aos domingos e frequentavam o clube de campo.

Castilho foi matriculado no melhor colégio de Toledo. Tinha um bom aproveitamento escolar, mas se destacava mesmo quando fazia trabalhos manuais. Aprendeu a esculpir pequenas peças de madeira e trabalhava bem com metais. Sempre que esculpia, na escola, mostrava o trabalho para Dom Javier, que ficava admirado com a sensibilidade artística do menino.

Com o passar do tempo, os trabalhos esculpidos por Castilho ficaram cada vez mais criativos e aperfeiçoados. Certo dia, Dom Javier levou, o agora rapaz, para conhecer o senhor Rúbio, um ourives experiente e de muita idade, que trabalhava e administrava uma pequena loja onde fabricavam jóias de ouro e prata.

Ao chegarem, Dom Javier cumprimentou o senhor Rúbio e falou:

– Rúbio, meu velho, este rapaz é meu afilhado, chama-se Castilho.

– Boa tarde, Dom Javier; seja bem-vindo, Castilho. Em que posso servi-los?

– Rúbio, a partir de amanhã Castilho vem, diariamente, aprender contigo o ofício de ourives.

– Vai me demitir, patrão?

– Isso nunca farei. Você fica nessa loja enquanto suas forças permitirem.

Feito isso, voltaram para casa e, no caminho, Castilho ficou mudo. Então Dom Javier perguntou:

– Não gostou, meu rapaz? Não te consultei antes porque queria fazer uma surpresa. Se gostares do trabalho, essa loja será tua.

– Estou calado por estar emocionado. Será que mereço o que o senhor está fazendo por mim?

– Faça sempre por merecer e serás bem recompensado.

Com muita empolgação, Castilho, ao chegar em casa, contou a novidade aos pais, que, além de o apoiarem, estimularam para que continuasse os estudos. Assim seguiu com seus afazeres: ia de manhã para o colégio e à tarde trabalhava com o senhor Rúbio.

Um dia, quando Castilho estava prestes a completar vinte anos de idade, foi à cidade provar uma roupa na alfaiataria. Na volta passou na loja que trabalhava e o senhor Rúbio falou:

– Meu rapaz, bom vê-lo por aqui. Estou sentindo uma indisposição e vou em casa tomar um chá; volto em seguida. Cuida da loja.

– Pode ir tranquilo, fico aqui até o senhor voltar.

Castilho ficou preocupado, porque as horas passavam e ele não voltava. Fechou a loja e foi à casa dele para saber o que tinha acontecido, pois era viúvo e morava sozinho. Bateu na porta várias vezes e, como não atendeu, pôs a mão no trinco e percebeu que não estava chaveada. Resolveu entrar e encontrou o senhor Rúbio sentado, inerte em uma poltrona da sala, e, ao se aproximar, percebeu que tinha falecido. Castilho avisou Dom Javier, que tomou as providências legais, pagou as despesas funerárias e, de papel passado, cumpriu a promessa de doar a loja.

Como dono do seu próprio negócio, Castilho, que já era considerado um ourives experiente, fez algumas melhorias na loja. Ele contratou Carlito, um primo, filho de uma irmã de Brígida, para ajudá-lo.

Dom Javier, um tempo depois, adoeceu e pediu para que Castilho o ajudasse a administrar seus bens. Jovem, inteligente e muito disposto, só fez crescer o patrimônio que estava sobre a sua responsabilidade. Passados dois anos, apesar de Dom Javier já ter se recuperado, preferiu que Castilho continuasse como administrador dos seus negócios. Resolveu, também, adotá-lo legalmente e, como membro da família, foi-lhe conferido o título de Dom Castilho.

De todas as empresas que administrava, a mais próspera era a do comércio de ouro, prata e pedras preciosas - fabricando jóias para a nobreza e a elite local. Dom Castilho, agora um ourives reconhecido por toda a Espanha, tinha expandido o negócio para outras cidades.

Em Toledo, nesta época, havia uma casa para abrigar idosos e doentes mentais que estava prestes a fechar as portas, por falta de recursos financeiros. Eram quarenta almas que ali estavam, somente aguardando a sua liberação do corpo carnal, mas que mereciam ser bem tratadas e alimentadas enquanto vivessem, com um mínimo de dignidade.

Ao tomarem conhecimento da situação, Dom Javier e Dom Castilho adquiriram o imóvel. Aos poucos, sem prejudicar os internos, reformaram, contrataram um médico, quatro enfermeiros e duas cozinheiras. Com ajuda de Onofre e Brígida, mantinham a casa - supriam com alimentos, remédios e pagavam os salários dos contratados.

Diziam que a vida tinha sido generosa com eles, e, agora, precisavam retribuir essa generosidade. Em vida anterior, Javier e Castilho eram soldados da Inquisição que foram obrigados, por seus superiores, a matar homens e mulheres inocentes. Nesta vida, vieram resgatar os malefícios que haviam causado.

Capítulo XXX

Benedito, um alfaiate português

Em 1889, em Lisboa, vivia Seu Otelo e sua esposa, Dona Cordélia. Moravam em um sobrado na parte alta da cidade e tinham dois filhos: Elvira, a mais velha, com quinze anos de idade, e Benedito, com sete anos.

Seu Otelo era um alfaiate de renome. Sua alfaiataria ficava localizada na avenida principal, bem no centro comercial de Lisboa. Era tão procurado pela elite local, que havia uma espera considerável para os clientes serem atendidos, de tão grande que era a demanda por trajes sob medida.

Dona Cordélia era uma costureira, também muito famosa, e seu ateliê ficava em uma sala ao lado da alfaiataria de Otelo, seu marido. Diariamente, era um entra e sai de homens na alfaiataria; e um entra e sai de mulheres no ateliê. Clientes não faltavam.

A filha Elvira estudava para ser professora, pois tinha muito jeito e paciência com crianças, apesar de ser um pouco tímida. Quando a mãe se via atrapalhada, ela arrumava a casa, cozinhava e ajudava nas costuras mais simples. Era uma moça bonita e atraente, que vivia sendo cortejada.

Benedito tinha ingressado no primeiro ano do colégio para ser alfabetizado; estudava pela manhã e, à tarde, ficava no escritório da alfaiataria fazendo lição da escola. Quando acabava, ia brincar com seu amigo Aparecido, que morava nas proximidades.

A vida anterior de Benedito foi em Versalhes, na França. Nasceu em 1742 nas dependências do castelo, filho de um conde, conselheiro do Rei Luís XV e da condessa Marriet. Desde criança, demonstrava grande interesse por moda e ajudava sua mãe a escolher o que vestir em ocasiões especiais. Dizia que, ao completar quinze anos de idade, pediria autorização dos pais para fazer um curso de moda, pois desejava ser um estilista famoso.

Seu desejo foi interrompido, exatamente no ofício que pretendia abraçar. No dia anterior a uma grande recepção que o Rei Luís XV iria oferecer aos embaixadores dos reinos vizinhos, era frenética a movimentação das costureiras para atender todas as damas da corte. Benedito, com apenas sete anos, ficava sempre ao redor das costureiras, dando palpites. Em determinado momento, com uma peça de roupa na mão, entrou correndo na sala das costureiras - tropeçou em um rolo de tecido e bateu com a testa na quina de uma mesa de costura.

Benedito deu um grito e caiu desacordado; as costureiras, além do susto pelo barulho da batida na mesa e a queda do menino, ficaram em choque ao ver a quantidade de sangue que saía da sua cabeça. Uma costureira colocou um pedaço de tecido para tentar estancar o sangramento e as outras correram para avisar Marriet do ocorrido.

Levaram o menino aos seus aposentos e chamaram o médico da corte. Ao vê-lo naquele estado, o médico ficou preocupado devido ao tamanho do ferimento no crânio e a quantidade de sangue perdido.

Passados três dias entre a vida e a morte, Benedito abriu os olhos e viu sua mãe sentada ao lado da cama. Fez um sinal e balbuciou:

– Mãe, não consegui realizar meu sonho. Quem sabe, no céu, eu consiga. Adeus.

Com essas palavras, despediu-se da vida e seu espírito subiu. Assim, ficaria esperando uma nova oportunidade.

Agora, em Portugal, novamente com sete anos de idade, Benedito tem a oportunidade de ser um estilista famoso, mas sua tendência estava voltada para a moda masculina. Admirava a perfeição dos trajes confeccionados pelo alfaiate Otelo, seu pai.

O tempo passava e o ateliê de dona Cordélia era tão requisitado que Elvira teve de abdicar do magistério, para trabalhar com a mãe. Benedito, com dezessete anos, trabalhava na alfaiataria do pai e aprendia o ofício com o mestre dos alfaiates portugueses.

Aos dezoito anos, Aparecido, o amigo de infância de Benedito, tinha concluído um curso de moda em Paris e retornado a Portugal. Os dois amigos voltaram a se encontrar, saíam para beber e conversavam sobre moda e quais os caminhos que deveriam trilhar.

Quando cursava moda na França, Aparecido conheceu Delmiro, um brasileiro que residia em Copacabana no Rio de Janeiro e de quem tinha recebido uma carta que contava sobre a falta de estilistas e alfaiates no Brasil, mencionando os preços que eram cobrados da clientela.

Aparecido contou a Benedito da carta que havia recebido e ambos ficaram muito interessados na possibilidade de emigrar para o Rio de Janeiro. Os dois viam a oportunidade como o caminho do futuro.

Benedito, com vinte anos, e Aparecido, com vinte e um, estavam prontos para embarcar rumo ao Brasil. Com a bênção dos pais, os amigos seguiram viagem. Delmiro já tinha conseguido hospedagem e espaços para instalar o ateliê de Aparecido e a alfaiataria de Benedito.

A viagem de navio durou vinte e oito dias até atracar no porto do Rio de Janeiro. Ao desembarcarem, foram recebidos por Delmiro, que os levou para a Pensão Carioca. O estabelecimento ficava na rua Central, perpendicular à praia de Copacabana. A proprietária, Dona Adosinda, era uma portuguesa alegre e bem falante, que mostrou todas as instalações da pensão e os horários que serviam as refeições.

Na manhã seguinte, uma quinta-feira, saíram para conhecer o espaço reservado, onde instalariam os seus negócios. Eram duas lojas pequenas, com banheiros e comunicação interna; nunca tinham sido ocupadas, cada uma com ampla porta de entrada voltada para uma rua, que ficava bem no centro comercial de Copacabana.

Chegaram ao local às nove horas da manhã e o movimento de pessoas era intenso: muitas lojas, escritórios, cinema, restaurantes, cafés, livrarias e tudo mais do mundo dos negócios. O endereço era ideal para iniciarem o trabalho e se tornarem famosos.

Em aproximadamente duas semanas, já instalados e com letreiros na porta de entrada, ofereceram um coquetel de inauguração. Delmiro tinha elaborado uma lista especial de convidados, com pessoas interessantes aos dois ofícios. Mulheres e homens da alta sociedade carioca foram ao coquetel, servido por dois garçons finamente trajados.

Chamava a atenção dos convidados o figurino dos anfitriões: enquanto Benedito exibia um traje sóbrio, Aparecido usava uma roupa um tanto extravagante, típico de estilista recém-chegado de Paris.

Assim começaram a vida em Copacabana, vestindo a burguesia do Rio de Janeiro. Com os preços que cobravam para confeccionar os trajes, somente os mais abonados podiam pagar. Os dois negócios cresceram e Benedito e Aparecido tiveram de contratar auxiliares.

A vida amorosa dos amigos seguiu rumos diferentes. Aparecido havia contratado Gaspar como seu auxiliar e entre os dois nasceu uma amizade e posterior relacionamento íntimo. Com Benedito foi a atração que teve por Tainá, uma mulata muito bonita, que também estava hospedada na Pensão Carioca.

Em poucos meses de namoro, noivaram e marcaram o casamento. Era um verdadeiro amor que brotou nessas duas almas. Tainá tinha vindo de São Paulo ao Rio de Janeiro, para lecionar Filosofia na universidade. Era uma moça culta e muito comprometida com a profissão. Reuniram suas economias e compraram uma casa próxima à Alfaiataria Bene, assim conhecida a alfaiataria de Benedito.

O casamento foi realizado na Igreja Nossa Senhora de Copacabana, na presença dos pais da noiva e muitos convidados. Os pais de Benedito não vieram, pois o trabalho em Portugal não permitia perder mais de dois meses viajando.

Após uma recepção para oitenta convidados, Benedito e Tainá partiram em lua de mel. Percorreram todo o litoral do Estado do Rio de Janeiro. Foram quinze dias de viagem, aproveitando o período de férias de Tainá na universidade.

Ao retornarem da lua de mel, voltaram ao trabalho. Após um tempo, Tainá tornou-se reitora da universidade e Benedito foi condecorado pelo município com o prêmio Tesoura de Ouro, após uma votação dos munícipes. Assim, ele alcançou o sucesso no seu ofício e o reconhecimento da profissão de alfaiate.

O casal teve dois filhos, Onorato e Benedita; o menino seguiu a profissão do pai e Benedita, a da mãe. Viveram felizes até se tornarem octogenários. Benedito concluiu, com essa vida plena, o ciclo de sua alma.

Capítulo XXXI

Silvino, o motorneiro

Em Roma, no século XVII, Sião era um condutor de carruagem de aluguel. Tinha uma verdadeira paixão pelo ofício. A carruagem estava sempre brilhando e os oito cavalos eram muito bem tratados - utilizava duas parelhas a cada dia.

Com uma vida relativamente confortável, Sião era casado com Stephanie e tinha um único filho, Silvino .

A casa da família ficava um pouco afastada do centro urbano, mas era grande, bem edificada e com uma cultivada pastagem aos fundos, para alimentar os animais.

Silvino, com apenas dez anos de idade, além de estudar, tinha a obrigação diária de tratar e cuidar dos cavalos. Seu pai saía de casa para trabalhar, diariamente, às 7 horas e retornava às 19 horas, quando liberava os quatro cavalos e conferia o trabalho do filho com os outros que ficaram descansando.

Sião não tinha sequer um dia de descanso semanal, à noite é que via a família e conversavam durante a ceia, que era preparada com esmero por Stephanie.

Silvino também pretendia ser um condutor de carruagem quando tivesse quinze anos, e, um dia, durante a ceia, falou ao pai:

– Pai, quando eu completar quinze anos vais poder descansar um pouco.

– Qual é o milagre, filho?

– Vou conduzir a carruagem dia sim, dia não, assim vamos trabalhar sem ficarmos estafados.

– Boa ideia Silvino, mas temos que esperar cinco anos, até você completar os quinze anos.

A alma de Silvino tinha assumido o desejo de transportar pessoas, sonhava com isso e transbordava de felicidade, mas o destino não permitiu que realizasse seu tão almejado sonho.

Chegado o final do ano, Silvino foi com o pai até a cidade para comprar uns presentes de Natal. Sião tinha dado dinheiro para ele comprar dois casacos de lã e pediu para que fosse buscar no ourives uma pulseira de ouro, que havia encomendado para Stephanie.

Como iam retornar para casa à noite, Silvino fez tudo direitinho e ficou sentado no banco de uma praça, esperando o tempo passar. Não havia percebido que um homem tinha visto, pela janela do ourives, ele pegar a pulseira e colocar no bolso de um dos casacos recém-comprados. O local que Silvino estava tinha pouco movimento, quando, de repente, um homem estranho chegou perto dele e disse:

– Menino não grita, que tenho uma faca na mão. Me passa agora os dois casacos!

– Não, por favor, são presentes de Natal!

– Me dá agora e não reclama.

O homem puxou os casacos, mas Silvino não deixou, segurou com força e começou a gritar:

– Socorro! Ladrão! Socorro!

Com uma estocada de faca, o homem acertou o coração do menino, que morreu na hora.

Como seu filho não apareceu na hora de ir pra casa, Sião saiu a sua procura. Encontrou o filho morto, rodeado de curiosos. Foi o fim de uma família. O menino não teve a chance de realizar o sonho de conduzir pessoas.

Silvino reencarnou em 1890, em São Paulo. Sua mãe o abandonou aos quatro anos de idade, na casa de uma irmã e desapareceu. Foi criado pelos tios, Dante e Walda Maria, uma família pobre que morava em Jundiaí e já eram pais de cinco filhos.

Como filho adotivo, o menino era maltratado por dois irmãos mais velhos, Wanderson e Walesca, que obrigavam o pequeno Silvino a executar tarefas da casa, enquanto seus pais saíam para trabalhar. Se não executasse direito o que mandavam fazer, batiam nele com uma cinta.

Com os maus-tratos sofridos, aos oito anos de idade tornou-se um menino agressivo e malcriado. Quando se revoltava, apanhava dos tios e dos irmãos e ficava de castigo, preso no porão da casa.

Na escola era um problema. Não prestava atenção nas explicações da professora e, se fosse chamado à atenção, soltava um palavrão e saía correndo da sala de aula. Muitas vezes nem ia para a escola, pois preferia ficar na pracinha jogando bola com outros moleques.

Quando Silvino completou treze anos, seus tios arrumaram um emprego em uma olaria que ficava longe da casa. Ele tinha que acordar às cinco horas da manhã para começar a trabalhar às sete horas. Na olaria, fez amizade com Carlito, um empregado mais velho que tinha o hábito de beber quando saía do trabalho.

Contador de histórias e solteiro, Carlito convidou Silvino para ir com ele ao bar do Joca, beber cerveja e jogar baralho. Foi só a primeira vez. Gostou da companhia, da bebida, do jogo e se tornou assíduo frequentador. Gastava praticamente tudo que ganhava no bar, alimentava-se no refeitório da olaria e dormia na casa de Carlito. Dificilmente aparecia na casa dos tios, que pouco se importavam com ele.

Passados quatro anos, por embriaguez e mau comportamento, os dois amigos foram despedidos da olaria e ficaram na pior. Em certa ocasião, sem dinheiro para comer e beber, Carlito falou:

– Silvino, tenho uma solução.

– Algum novo emprego?

– Não, aqui neste lugar não conseguimos mais trabalho.

— Então conta o milagre e o santo.

— Tem um conhecido que vive incomodando para comprar minha casa. Ofereceu mais do que vale, para anexá-la a sua propriedade.

— E daí? Qual a solução para conseguirmos um emprego?

— Vamos para a capital, ouvi dizer que lá tem trabalho de sobra.

Os dois amigos pegaram um trem em Jundiaí e foram embora para São Paulo. Quando chegaram, Carlito, com todo o dinheiro da venda da casa no bolso, convidou Silvino para tomar uns tragos, antes de procurar uma hospedagem.

Entraram no "Bar do Italiano" e foram atendidos por Rinaldi, um senhor de meia idade, gordo, careca e falastrão. Como Carlito também falava pelos cotovelos, ficaram bebendo e conversando até o bar fechar.

E agora, onde conseguir uma hospedagem, se era madrugada e estavam bêbados? Então, Carlito, cambaleando da bebida e com toda a sua praticidade, disse:

— Meu amigo, desse jeito não vamos conseguir quem nos aceite como hóspede. É melhor arrumar um canto sob uma marquise e dormir.

— Sem problemas, não falta muito para amanhecer.

De manhã cedo foram acordados pelo pessoal que varria as ruas; recolheram suas sacolas e foram à procura de um lugar barato para se hospedar. Indicaram o Hotel Vargas. Assim, saíram à procura, com as informações que receberam - haviam dito que ficava bem no centro da cidade. Depois de caminharem mais de uma hora, encontraram o hotel, com uma aparência nada agradável, mas, como falaram que era barato, resolveram entrar.

Se por fora era feio, por dentro era horrível e decadente. Casais entravam e saíam para fazer programas. Na portaria, sentada a uma cadeira, atrás do balcão, estava uma senhora obesa chamada Zuleide. Carlito a cumprimentou e perguntou:

— Senhora, tem hospedagem para dois?

– Por acaso vocês são homossexuais e vêm fazer programa?

– Não senhora, estamos chegando de Jundiaí e viemos procurar trabalho.

– Aqui não aceitamos mensalistas, mas, ao lado, Dona Gertrudes aluga quartos.

– Desculpe e obrigado pela informação.

Saíram do hotel dando graças a Deus, pois era realmente deprimente. A casa ao lado era bem ajeitada, recém-pintada, parecia ser muito conservada. Bateram na porta e logo Dona Gertrudes veio atender:

– O que procuram, rapazes?

Carlito respondeu:

– Informaram que a senhora aluga quartos. Será que tem algum disponível?

– Tiveram sorte, acabou de desocupar um; mas tem de pagar o mês adiantado.

– Não tem problema, podemos entrar e conhecer a casa?

– Com certeza, entrem.

Uma bela surpresa: as dependências da casa eram limpas e bem arejadas, o banheiro era amplo, com chuveiro e banheira de imersão, o quarto era bem grande e tinha duas camas, um guarda-roupa e janela para a rua. Carlito pagou a mensalidade dele e do Silvino e foram descansar. No preço estava incluído café da manhã e jantar. Como o dinheiro da venda da casa só daria para pagar mais um mês de hospedagem, tinham que procurar emprego urgente e economizar.

Deixaram a bebedeira de lado e, já no dia seguinte, saíram à procura de trabalho; resolveram seguir caminhos diferentes e, se conseguissem alguma coisa, perguntariam se tinha duas vagas disponíveis. Foi um dia cansativo, caminharam horas e nada conseguiram. Assim também foram os próximos dois dias. No terceiro dia apareceu uma vaga que exigia certa idade para preenchê-la; como Carlito era quinze anos mais velho, ficou com o emprego.

Certa noite, sentado sozinho, em uma mesa na sala de jantar da pensão, estava um senhor de meia idade. Com um lápis e papel na mão fazia anotações e de vez em quando olhava para Silvino, que estava só - Carlito não tinha chegado do trabalho. Em determinado momento, o senhor se levantou, aproximou-se de Silvino e perguntou:

– Você está empregado ou procurando emprego?

– Não senhor, estou desempregado.

– Qual seu nome e idade?

– Sou Silvino e acabei de completar dezoito anos de idade.

– Você gostaria de fazer um curso para ser motorneiro?

– O que é ser motorneiro?

– Motorneiro, aqui em São Paulo, é aquele que dirige e conduz bondes.

– Quero sim; sempre que vejo passar um bonde, penso que seria muito interessante ser o condutor.

Aquele senhor grisalho, conhecido por Seu Celso, era um dos gerentes da CMTC (Companhia Municipal de Transporte Coletivo), que administrava os bondes e trólebus de São Paulo. Ao aceitar o convite, Silvino teve de ir morar no alojamento da companhia, onde existia um local próprio para treinar os motorneiros.

Carlito também tinha se acertado no emprego, era vigia de um grande magazine. Deixou de beber, conheceu uma senhora viúva, casou e foi morar com ela.

Aprovado no treinamento, Silvino foi conduzir seu primeiro bonde. Seu coração palpitava e sua alma estava feliz - era a profissão que estava no seu interior. Educado e cordial com os passageiros, era sempre elogiado e ganhava prêmios oferecidos pela companhia.

Passados três anos do início no novo trabalho, casou-se com Emília. Tiveram quatro filhos - dois meninos e duas meninas - que, depois de casados, deram muitos netos à família. Viveram plenos e felizes. Assim, Silvino foi mais uma alma que encontrou o rumo que deveria seguir.